GottesdienstPraxis
Serie B

Arbeitshilfen für die Gestaltung von Gottesdiensten
zu Kasualien, Feiertagen, besonderen Anlässen
und Arbeitsbücher für die Gemeindepraxis

Herausgegeben von Erhard Domay

Gütersloher Verlagshaus

Das Alte Testament im Gottesdienst

Gottesdienste, Predigten, liturgische Anregungen

Herausgegeben von Erhard Domay

Gütersloher Verlagshaus

Bibliografische Information Der Deutschen Bibliothek
Die Deutsche Bibliothek verzeichnet diese Publikation in der Deutschen
Nationalbibliografie; detaillierte bibliografische Daten sind im Internet über
http://dnb.ddb.de abrufbar.

Umwelthinweis:
Dieses Buch wurde auf chlorfrei gebleichtem und alterungsbeständigem Papier gedruckt. Die vor Verschmutzung schützende Einschrumpffolie ist aus umweltscho-
nender und recyclingfähiger PE-Folie.

ISBN 3-579-03119-8
© Gütersloher Verlagshaus GmbH, Gütersloh 2003

Trotz intensiver Bemühungen war es leider nicht in allen Fällen möglich, den jeweiligen Rechtsinhaber (Bildmaterial/Text) ausfindig zu machen. Für Hinweise ist der
Verlag dankbar. Rechtsansprüche bleiben gewahrt.

Satz: Fotosetzerei Steggemann, Bad Salzuflen
Umschlagentwurf: Finken & Bumiller, Stuttgart, unter Verwendung eines Fotos von
Peter Wirtz, Dormagen.
Druck und Bindung: Těšínska Tiskárna AG Česky Tešín
Printed in Czech Republic

www.gtvh.de

Inhalt

Salomos erstaunliche Begegnungen mit anderen Religionen

Reinhard Kirste

Salomo und die Priester in Jerusalem:
Oder über die Schwierigkeit, die Wahrheit zu schreiben

Im Institut für Moderne Geschichte der Jerusalemer Tempelbehörde nahm das Stirnrunzeln zu. Noch keine Woche war es her, da hatte die eigens eingesetzte historische Kommission des Königs Salomo den neuesten Teil der Geschichtsschreibung über die Richter und Könige Israels mit der Bemerkung zurückgehen lassen, dass die priesterlichen Schreiber offensichtlich die Religionspolitik des Königs Salomo nicht richtig verstanden hätten und deswegen entsprechende Korrekturen angebracht werden müssten.

Die priesterlichen Historiker und Zeitgeschichtler waren in ihrem Stolz gekränkt, gleichzeitig in einer heiklen Lage. Einerseits sollten sie Geschichte schreiben, so dass dem Gott, der das Volk Israel aus Ägypten geführt hatte, die Ehre gegeben würde, auf der anderen Seite waren sie vom König völlig abhängig.

Wir erinnern uns: Beim Sturm auf die Jebusiterfestung Jerusalem hatte der siegreiche David die Stadt zu seinem persönlichen Eigentum gemacht, und diese unterstand damit unmittelbarer königlicher Gerichtsbarkeit. Die Priester der Stadt hatte David vor die Wahl gestellt, ihm nun und seinem Gott persönlich zu Diensten zu sein, im andern Falle hätten sie als Priester keinerlei Existenzberechtigung mehr. Und da David kurzen Prozess zu machen pflegte, wussten sie, was das bedeutete. Bei mangelnder Unterwerfung war der Tod angesagt. So fügten sie sich, entfernten die Bilder des Fruchtbarkeitsgottes und der seiner schwesterlich-mütterlichen Gemahlin und stellten sich im Prinzip ganz auf den Wüstengott der siegreichen Israeliten ein – oder doch nicht so ganz?

Das Volk hatte es einfacher. Davids Religionspolitik war schon liberal. Es gab keine Zwangsbekehrungen zur neuen Religion. Die Leute gingen weiterhin regelmäßig zu den Höhenaltären am Rande von Jerusalem, auch wenn es eindeutig weniger geworden waren. Aber seit Salomo das

Königtum angetreten hatte, schien die Toleranz keine Grenzen zu kennen. Er brachte sogar regelmäßig Rauchopfer auf den Höhen dar, sagte zwar, dies sei um Gottes willen und zur Ehre des einen Gottes, aber jedermann wusste, wer da noch alles an diesen Höhenheiligtümern verehrt wurde.

Erinnern wir uns wiederum: David hatte zwar an den einen Gott geglaubt, hatte wunderschöne Lieder und Gebete gedichtet und vertont, sie wurden sogar in den Gottesdiensten gespielt und sind inzwischen weltweit unter dem Namen Psalmen oder Psalter verbreitet. Aber so richtig strenggläubig war auch David schon nicht mehr, besonders in seinen späteren Tagen. Bei seinen Frauen hatte er schon manchen, wie er es scherzhaft nannte, »Aberglauben«, großzügig durchgehen lassen. Aber nun sein Sohn Salomo … Dem Volk war es ziemlich egal, zumal Jerusalem neben der eingewanderten israelitischen Bevölkerung noch einen erheblichen Jebusiteranteil hatte und Mischehen eher die Regel als die Ausnahme waren. Und ein Teil der zwangsbekehrten Priester einschließlich der ultra-konservativen Fraktion im Institut für Moderne Geschichte witterte Morgenluft, um eine Gegenposition zu dieser Art von Toleranz aufzubauen.

Salomos Traum

Salomo hatte an einer alten Kultstätte nördlich von Jerusalem, in Gibeon, ein öffentliches Gelübde getan, nämlich zu seinen Lebzeiten den Tempel mit aller Pracht zu errichten. Er hatte dies mit der ungeheuren Zahl von 1000 Brandopferstieren untermauert. Bei dieser Zeremonie hatte er eine Nacht im Heiligsten des Höhentempels verbracht, einer Art Klausur in der Nähe des Brandopferaltars. In dieser Nacht war ihm Gott im Traum erschienen und hatte gesagt: »Bitte, was ich dir geben soll!«

»Salomo sprach: Du hast an meinem Vater, deinem Diener, große Barmherzigkeit getan. Er lebte wahrhaftig und setzte sich mit aufrichtigem Herzen für Gerechtigkeit vor dir ein. Du hast ihm tatsächlich große Barmherzigkeit erwiesen und hast ihm einen Sohn gegeben, der auf seinem Thron sitzen sollte. Und nun ist es auch so.

Nun, Herr, mein Gott, du hast deinen Diener an der Stelle meines Vaters David zum König gemacht. Ich bin aber noch jung und blicke noch nicht durch. Und dein Diener steht nun inmitten deines Volkes, das du erwählt hast, ein Volk, das so groß ist, dass es wegen seiner Menge niemand zählen noch in eine Statistik einbeziehen kann.

So wollest du deinem Diener ein gehorsames Herz geben, damit er dein Volk politisch führen kann und verstehen, was gut und böse ist. Denn wer vermag über dies, dein mächtiges Volk, Richter zu sein?

Das gefiel Gott gut, dass Salomo ausgerechnet darum bat. Und er sprach zu Salomo: Weil du darum bittest und bittest weder um langes Leben, noch um Reichtum, noch um den Tod deiner Feinde, sondern um Verstand zuzuhören und recht zu richten, so komme ich deinem Wunsche nach und gebe dir ein weises und verständiges Herz, so dass deinesgleichen vor dir nicht gewesen ist und auch nach dir nicht kommen wird. Und dazu gebe ich dir, worum du mich nicht gebeten hast, nämlich Reichtum und Ehre, so dass dir unter den Königen deiner Zeit keiner gleichkommt.

Und wenn du in meinen Wegen gehen wirst, so dass du meine Satzungen und Gebote hältst – so wie das dein Vater David getan hat – so werde ich dir ein langes Leben geben« (1. Könige 3,5–14).

Salomo wusste um die tiefe Bedeutung von Träumen. Gewissermaßen als Bestätigung des Erlebten, eilte er nach Jerusalem zurück und brachte dort erneut ein beachtliches Brandopfer dar, dieses Mal an der Stelle des künftigen Tempels, wo bisher die hölzerne Truhe mit den steinernen Gebotstafeln stand, die symbolhafte Verdinglichung des Bundes Gottes mit dem Volk Israel. Es waren dieselben Gebotstafeln, die Mose am Sinai empfangen hatte. Sie galten darum als besonders heilig.

Salomo auf den Höhen seiner Zeit

Dieses Erlebnis ließ Salomo werbetechnisch geschickt öffentlich in der vorliegenden Fassung verbreiten, die natürlich für die Kenner der Szene einige Seltsamkeiten aufwies. So treu hatte sich David keineswegs an die Gebote Gottes gehalten, sonst wäre Salomo nie geboren worden, so wörtlich hielt sich bekanntermaßen auch Salomo nicht an die Gebote, sondern pflegte durchaus eigenwillige Auslegungen. Aber nach dieser Traumvision gingen die Bauarbeiten am Tempel noch zügiger voran. Architektonischen Kennern von Bauzeichnungen fiel allerdings auf, dass das Tempelmodell verblüffende Ähnlichkeiten mit den berühmten Tempeln in Ugarit aufwies. Die Fundamentalisten witterten wieder einmal mehr Synkretismus, also Religionsvermischung oder gar gefährliches Heidentum.

Wenn man davon absah, dass Salomos Vater David den alten Jebusitertempel, ein kulturhistorisches bedeutendes Monument hatte schleifen lassen, hatte sich so viel nicht geändert, denn Abriss von alten Tempeln und Neubau war ein beliebtes Spiel orientalischer Könige, um ihre Untertanen wie Arbeitssklaven zu benutzen und das als Volkssolidarität auszugeben.

Die Stadt Jerusalem erinnerte beinahe an frühere Zeiten. David hielt es mit den Frauen schon nicht genau, ihm war es schon ziemlich egal, woher seine Frauen kamen. Aber gegenüber Salomo war David ein Waisenknabe gewesen. Salomo fühlte sich wie ein orientalischer Großkönig. So gab es bald in seinem Palast Ehefrauen, Nebenfrauen, Mätressen. Selbst der ewig klatschsüchtige Hofstaat sah schon bald nicht mehr durch. Und woher diese Frauen alle kamen, mein Gott! Der ganzen Sache hatte Salomo in des Wortes originaler Bedeutung die Königskrone durch die pompöse Heirat mit einer ägyptischen Prinzessin aufgesetzt, und die Tempelpriester durften die Trauung im jüdischen Ritus vollziehen!

Es war unvorstellbar! Jeder Herrscher, der dem großen Salomo seine Aufwartung machte, brachte ein paar Frauen mit: Inderinnen, Nubierinnen, Schwarz und Weiß, die halbe Welt spiegelte sich in Salomos Harem. Ein besonderes Massenspektakel hatte es gegeben, als die legendäre Königin von Saba aus dem Jemen Salomo besuchte und die beiden offenbar einander ausgesprochen sympathisch fanden. Die arabische Herrscherin hatte nicht nur wunderbar designte Goldwaren als Gastgeschenke mitgebracht, sondern auch schöne Frauen für den Königshof: Noch mehr Frauen – noch mehr Glaubenstraditionen!

Und was Salomos Frauen alles glaubten! Da hatten selbst die Söhne und Enkel der gewendeten jebusitischen Priesterkaste ihre Schwierigkeiten. Sie hatten sich prompt in zwei Flügel, den fundamentalistischen und in den liberalen gespalten. Der fundamentalistische Flügel war durch David zur königlichen Geschichtsschreibung verpflichtet worden und stellte inzwischen die streng monotheistische Variante dar. Sie hatte auch das von Salomo neu gegründete Institut für Moderne Geschichte mit den eigenen Leuten besetzen können, was von den nicht richtig bekehrten »Liberalen« in der ehemals jebusitischen Priesterschaft bedauert und mit verstecktem Ärger registriert wurde.

Nun war es nicht nur für die Fundamentalisten, sondern auch für manchen anderen Frommen schon ein Skandal, was sich da täglich in Jerusalem an Religionsmischung abspielte. Man roch die vielen Göttinnen und Götter förmlich. Denn zu allem Überfluss hatte sich fast jede dieser neuen Frauen des Salomo einen Tempel, Tempelchen oder wenigstens einen Altar oder zumindest ein Altärchen auf den Höhen rings um Jerusalem bauen lassen. Der Geruch des multikulturellen und multireligiösen

Jerusalem stieg manchem ganz schön übel in die Nase. Und das war durchaus wörtlich gemeint.

Wenn man morgens aus dem Fenster blickte, sah man überall den Rauch der Opfertiere aufsteigen, hörte den Klang der Gebetsrufer in ägyptisch, ammonitisch, edomitisch, phönizisch, persisch, griechisch, arabisch. Ja, Jerusalem war sehr schnell wieder von der Stadt des einen Gottes zur multireligiösen Stadt verkommen. Und mancher aggressive Fundamentalist hoffte insgeheim, dass der Gott Israels diesem heidnischen Treiben endlich den Garaus machen möchte. Im Geiste sah er schon die Strafe des ehemaligen Wüstengottes heraufziehen, der bekanntlich ein eifersüchtiger Gott war und keine anderen Götter neben sich duldete.

Immerhin konnte man seit kurzem in der königlichen Bibliothek die Geschichte des Auszugs der Israeliten aus Ägypten und den Einzug ins Gelobte Land der Kanaanäer nachlesen oder, wenn man nicht lesen konnte, sich gegen eine geringe Gebühr vorlesen lassen. Außerdem gab es auf den Plätzen der Stadt genügend Erzähler, die die alte Geschichte in immer wieder neuen Varianten zu Gehör brachten.

Eine richtige Opposition brachten die monotheistischen Eiferer nicht zustande, zumal die »Liberalen« immer wieder versuchten, dagegen zu halten. Außerdem war Salomo einfach zu klug, um den Fundamentalisten eine Chance zu geben.

Das Urteil des Salomo

Immer wieder erzählte man sich deshalb die Geschichte seiner famosen Urteilsfähigkeit, eine delikate Sache, die aus dem Prostituiertenmilieu stammte und deshalb besonders gern weitererzählt wurde. Selbst die schriftliche Protokoll-Fassung des Instituts für Moderne Geschichte war voll des Lobes für den König.

Über mehrere Gerichtsinstanzen war schließlich der Fall vor Salomo als obersten Richter gekommen. Die Verhandlung war turbulent, wie das Gerichtsprotokoll zeigt:

»Und die eine Frau sprach: ›Ach, mein Herr, ich und diese Frau wohnen in *einem* Hause, und ich gebar bei ihr im Hause einen Sohn. Und drei Tage nachdem ich geboren hatte, gebar auch sie ein Kind. Und wir waren beieinander, und kein Fremder war mit uns im Hause, wirklich nur wir beide. Und der Sohn dieser Frau da starb in der Nacht, denn sie hatte ihn im Schlaf erdrückt. Und sie stand in der Nacht auf und nahm meinen Sohn von meiner Seite, als deine Magd schlief, und legte ihn in ihren Arm. Und ihren toten Sohn legte sie in meinen Arm. Und als ich in der Morgenfrühe aufstand, um meinen Sohn zu stillen, da war er tatsächlich tot. Als ich ihn aber am späteren Morgen genau ansah, da war das doch gar nicht mein Sohn, den ich geboren hatte.‹

Die andere Frau entgegnete: ›Nein, kein Wort ist wahr. Mein Sohn lebt, doch dein Sohn ist tot.‹ Die konterte natürlich: ›Nein, mein Sohn lebt und deiner ist tot!‹ Und so redeten sie sich vor dem König die Köpfe heiß. Der König hatte geschwiegen und genau zugehört, dann sprach er: ›Holt mir ein Schwert!‹ Und als man das Schwert vor den König brachte, sprach der: ›Teilt das lebendige Kind in zwei Teile und gebt dieser die eine und jener die andere Hälfte.‹

Da sagte die Frau, deren Sohn lebte, zum König, denn ihr mütterliches Herz brannte in Liebe für ihren Sohn, sie jammerte: ›Ach, mein Herr, gebt ihr das Kind lebendig und tötet es nicht!‹ Die andere aber sagte: ›Es sei weder mein noch dein, lasst es teilen!‹

Da antwortete der König sehr deutlich: ›Gebt dieser Frau das Kind lebendig und tötet es nicht, sie ist nämlich die Mutter‹« (1. Könige 3,16–27).

Das war natürlich Wasser auf die Mühlen des Volkes, ganz im Sinne und im Stil der Regenbogenpresse, die für ihre Leser ständig Futter brauchte und am Hofe auch genügend fand: Skandale und Skandälchen. Den König schien das nicht sonderlich zu interessieren. Aber jeder kann sich vorstellen: Dieses Urteil hatte Signalwirkung im Lande. Man schätzte und man fürchtete den König. Nicht nur seine ungeheure Belesenheit und argumentative Klugheit verblüffte, nein, er war auch in der Lage, Erkenntnisse praktisch umzusetzen und auf diese Weise Ordnung im Lande zu halten.

Salomo und der interreligiöse Dialog

Die mehr Intellektuellen unter den Jerusalemer Bürgern zogen dagegen ein anderes Spektakel vor, das sie in regelmäßigen Abständen in der Aula der neu gegründeten Universität genießen konnten. Podiumsdiskussionen, Foren und Talkshows der gehobenen Art. Das kam daher, dass Salomo regen gedanklichen Austausch mit den Denkern seiner Zeit, ja aller Zeiten pflegte, Menschen, die sich wegen ihrer praktizierten Toleranz tief in das Gedächtnis der Menschheit eingegraben haben: Der Staufer-Kaiser Friedrich II. (1194–1250), der seine sizilische Residenz Palermo zum Multikulturzentrum gemacht hatte, der indische Mogulkaiser Akbar (1542–1605), der ähnlich wie Salomo schon Muslime, Hindus und Christen zu Religionsgesprächen zusammengebracht hatte, und schließlich Friedrich II. von Preußen (1712–1786), von dem das berühmte Wort stammt, dass jeder nach seiner Fasson, also nach seinem jeweiligen Glaubensbekenntnis, selig werden solle.

So ging es auch in den Kolloquien unter Salomos Schirmherrschaft um Gott und die Welt, Ethik, Moral, Wirtschaft und Globalisierung und immer wieder um die Begegnung der Kulturen. Spötter nannten die Universitätsaula bald: »Haus der Kulturen der Welt«. Die Gäste und Diskussionspartner des Königs sorgten für interessante Gastgeschenke, die in bestimmten Zeitabständen zu Ausstellungen zusammengestellt wurden, so dass man bald die Kultur der ganzen Welt in Jerusalem bestaunen konnte.

Mit dem Glauben an den einen Gott, der Israel ins Gelobte Land geführt hatte, blieb das so eine seltsame Sache. Von der Strengheit eines Mose oder eines Josua war nichts mehr übrig geblieben: »Ich und mein Haus wollen dem Herrn dienen« (Josua 24,15 b) war zur nichts sagenden Floskel verkommen. Salomo schien zwar nicht selbst zu den neuen alten Göttern zu beten, aber seine Frauen durften alles. Er selbst schien einen mehr philosophischen Gottesglauben zu haben.

Bei einer Diskussionsrunde mit anwesenden ausländischen Gelehrten aus Ninive, Damaskus, der Indus-Universität und Theben hatte er sich folgendermaßen geäußert:

»Meine Herren, wer oder was ist Gott? Ist er eine Person? Männlich oder weiblich oder beides gleichzeitig? Ich habe den Eindruck, dass alle unsere Gottesvorstellungen nur vorläufige und menschliche Versuche sind, die jenseitige Realität zu erkennen und zu verstehen. Darum sind es auch fehlerhafte Versuche, die uns manchmal von der Wahrheit weiter wegbringen als ihr nahe zu kommen.

In Adonaj, dem Gott Israels zum Beispiel, sehen wir Eigenschaften, die betonen, dass Menschen von Gott geführt werden, wenn sie nur glauben, in Astarte sehen wir die Schöpferkraft Gottes geradezu sinnlich werden, ja wie kann man überhaupt Gott verstehen, wenn man nichts von Liebe, Sexualität und der Kraft der Zeugung versteht?«

Mancher konnte sich des Eindrucks nicht erwehren, als würde Salomo den Fruchtbarkeitsgöttern des Landes durchaus eine gewisse Zuneigung entgegenbringen.

Einige gelehrte konservative Anhänger der Monotheisten hatten schon mehrfach versucht, Salomo in Diskussionen des Polytheismus zu überführen, besonders diejenigen aus der Gruppe der fundamentalistischen Priester. Der König durchschaute für sie leider immer zu früh, was gespielt wurde.

Die schriftkundigen Biblizisten, nicht nur aus dem Institut für Moderne Geschichte, ärgerten sich besonders, dass in der Argumentationskette des Königs die Weisheit Gottes eine so große Rolle spielte: Gott war vor allen Zeiten, Gott offenbarte sich, Gott war der ungeschaffene Erschaffer, aber es gab auch in Gott und an Gott Ungeschaffenes, und das war Chokma, die Weisheit, ja sie war und ist des einen Gottes ungeschaffene Gespielin. Salomo formulierte gern: »Am Anfang war die Weisheit, sozusagen die Kontur des unsichtbaren Gottes.«

Auf solche Traditionen setzte der König in seinen Diskussionen und Vorträgen. Und auch die Geschichte mit seinem Traum am Höhenheiligtum von Gibeon erzählte er gern so, dass Gottes Weisheit sozusagen in ihn eingeflossen war. Er hatte sogar von einem griechischen Philosophen einen Fachbegriff dafür genannt bekommen: Die Weisheit ist eine Emanation Gottes. Es war Salomo schwerlich abzustreiten, dass er in die tiefsten Tiefen Gottes geschaut hatte, beinahe wie Mose. Gerade diese Tiefenschau befähigte ihn zu kühnen und positiven theologischen Formulierungen, dies aber in so klaren Worten, dass es für viele der Zuhörer und Zuhörerinnen ausgesprochen orthodox klang.

Da bei diesen Diskussionen Menschen der verschiedensten Glaubensrichtungen zusammenkamen, war es schon verblüffend, dass jeder sich in seinem eigenen Gottesglauben wieder erkannte und oft genug bestätigt fand, ja dass bei keinem Andersgläubigen Minderwertigkeitsgefühle gegenüber der offiziell neuen und herrschenden Religion aufkamen.

Schwierigkeiten mit der Geschichtsschreibung:
Ein korrigierter Geschichtsbericht und eine Akte im Geheimarchiv

Wie gesagt: Angesichts eines solch klugen Königs war vorläufig jeglicher Widerstand zwecklos. Salomo war zwar überhaupt nicht kriegerisch gesinnt wie sein Vater David, der ein Großreich zusammengeplündert hatte. Er war vielmehr den kulturellen und schöngeistigen Dingen der ganzen Welt zugetan. Allerdings konnte er sich auch wie ein orientalischer Großfürst benehmen, wenn er den Eindruck hatte, jemand plane eine Verschwörung gegen ihn. Die Todesstrafe war trotz aller geistigen Hochkultur keineswegs abgeschafft. Im Zweifelsfalle behielt sich Salomo das höchstinstanzliche Urteil vor, wie man in der Gerichtsverhandlung mit den beiden Prostituierten gesehen hatte. Er machte es da nicht anders mit seinen Feinden als sein Vater David: Er stellte vor die Wahl: Unterwerfung oder Tod.

So arrangierte sich die Gruppe der monotheistischen Priester-Gelehrten aufs Neue, zumindest nach außen hin, und das führten sie fast ebenso geschickt durch wie der königliche Auftraggeber. Der vom König beanstandete Bericht musste umgeschrieben werden, Da hatten sie keine Wahl, wenn sie am Leben bleiben wollten. Sie griffen zu einer List und schrieben zwei Fassungen desselben Textes. So kam für den König Salomo ein veränderter und geschönter Bericht zustande. Und der klang natürlich wohlgefällig in dessen Ohren. Auch der Klügste ist gegenüber Schmeicheleien nicht völlig immun. Nur vier Wochen brauchten sie, um den nicht genehmigten Text zu korrigieren und an den kritischen Stellen zu formulieren:

»Salomo aber hatte den Herrn lieb und wandelte nach den Satzungen seines Vaters David. Und Salomo ging nach Gibeon, einer alten jüdischen Kultstätte aus der Richterzeit, um dort zu opfern. Denn es war bis zur Einweihung des Tempels in Jerusalem die bedeutendste Opferstätte des Gottes Israels. Und Salomo opferte dort 1000 Brandopfer auf dem Altar. Und der Herr erschien Salomo zu Gibeon im Traum des Nachts ...« (1. Kön 3,4+5)

Gleichzeitig aber fertigten sie eine Parallelausgabe zu diesem Text an, die allerdings einige erstaunliche Abweichungen erhielt. Dieser Text verschwand im Geheimarchiv des Instituts für Moderne Geschichte und wurde erst – mehr zufällig – von einem Nachfolger Salomos entdeckt. Der Text hätte die »Fundamentalisten« im Institut für Moderne Geschichte, aber auch in der gesamten rechtslastigen Priesterschaft sicher den Kopf gekostet. Denn die entscheidenden Zeilen lauteten so:

»Und Salomo verschwägerte sich mit dem Pharao, dem König von Ägypten, und nahm eine Tochter des Pharao zur Frau und brachte sie in die Stadt Davids, und zwar in den Stadtpalast, bis er sein neues Palais am Rande von Jerusalem und den Tempel Gottes sowie die Mauer um Jerusalem gebaut hatte. Aber das Volk opferte immer noch auf den Höhen. Salomo gebot diesem heidnischen Treiben keinen Einhalt, sondern räucherte sogar selbst für und mit seinen Frauen auf den Höhen. Allerdings meinte er durchaus im Sinne seines Vaters David und im Sinne der Gebote Gottes zu handeln, aber der Unterschied zum Gott Israels war offenkundig, besonders als er zu der alten kanaanäischen Kultstätte nach Gibeon fuhr und dort 1000 Rinder opferte.« (1. Kön 3,1-4).

Wenige Zeilen geändert, schon gibt es eine andere Geschichte. Aber wer hat nun wirklich dem Frieden der Menschen in einer Stadt gedient und wer hat nun eigentlich wirklich wahrhaftig und nicht borniert Gottes Willen zu erfüllen versucht?

Intentionen und Anregungen zu dieser Erzählfassung

Die am Schluss der Erzählung genannten Fragen können dazu dienen, eine Diskussion über die Problematik des Glaubens an einen einzigen Gott anzufachen, sofern die Vertreter dieses Gottesglaubens einen allgemeinen Verbindlichkeitsanspruch (Absolutheitsanspruch) durchzusetzen versuchen. Religionspluralistisch gelesen könnte dieser alttestamentliche Text ermutigen, über folgende Gegebenheiten und Anstöße besonders nachzudenken:

Jede Religion scheint ein Aggressionspotenzial in sich zu haben, das besonders durch widrige politische Umstände und Machtkämpfe auszubrechen und diese zu verstärken droht.

Harmonisches Zusammenleben kommt nur durch die Akzeptanz des anderen als eines gleichwertigen Partners zustande. Wie sieht jedoch Toleranz im Sinne von Gleichwertigkeit jeweils konkret aus?

Religion kann als Versöhnungselement dienen, wenn man/frau bereit ist, Wahrheit in verschiedenen Religionen verschieden ausgeprägt zu finden und dies als Bereicherung und nicht als Bedrohung zu sehen: Mut zur Erweiterung des eigenen Glaubensverständnisses durch den anderen. Das wäre dann praktizierte Weisheit auch als politisches Optimum.

Praktizierte Weisheit dieser Art eröffnet nicht nur Toleranz, sondern weitergehend auch Gerechtigkeit und Gelassenheit unterschiedlichen Glaubensweisen gegenüber.

Durch verändertes Lesen der Bibel (auch »gegen den Strich«) lassen sich ungewöhnliche Entdeckungen in den alten Texten machen, die dazu einladen, das eigene Verständnis des Glaubens bewusst zu prüfen und ggf. zu revidieren. Aus diesem Grunde sind in der vorliegenden Erzählfassung auch bewusst einige Bibelstellen original zitiert worden, die allerdings einige gezielte Abweichungen vom Originaltext erhielten, so dass es immer sinnvoll ist, die Bibel neben die Erzählfassung zu legen.

Der hier praktizierte Umgang einer biblischen Nacherzählung mit einer Reihe von aktuellen Anspielungen bedeutet sicher eine Relativierung von Wahrheitsansprüchen der Religionen überhaupt. Nun sei nicht bestritten, dass die Israeliten etwa 1000 v. Chr. in einer mutterkultlich geprägten Kulturlandschaft ihre Art des Monotheismus zur eigenen Identitätssicherung brauchten und auch durchsetzen mussten, um nicht von den Fruchtbarkeitskulten der Kanaanäer aufgesogen zu werden. Unter heutigen Bedingungen muss aber gefragt werden, ob nicht das »Modell des multireligiösen Jerusalem« unter Salomo für ein friedliches Zusammenleben von Menschen unterschiedlicher Traditionen mehr hergibt als das Pochen auf Absolutheitsansprüche, wo durch die Heraushebung eines zweifelhaften oder zumindest strittigen Wahrheitsbegriffs immer wieder Konflikte geschürt oder gar religiös begründet werden.

Gottesdienste und liturgische Stücke

Jüdischer Sabbat – christlicher Sonntag

Doris Joachim-Storch

Einleitung

Dieser Gottesdienst wurde am 5. März 2000 in der Evangelischen Magnuskirche zu Worms gehalten und im ZDF in der Reihe »Wurzel und Visionen« unter dem Titel »Vom Judentum lernen« live übertragen.

Predigtgespräch: Doris Joachim-Storch und Harald Storch
Texte und Meditationen zu jüdischen Themen: Doris Joachim-Storch
Begrüßung und Gebete: Jutta Herbert und Doris Joachim-Storch

Bei dem Predigtgespräch wirkte die 16-jährige Kindergottesdienstmitarbeiterin Caren Hayoz mit. In der Begrüßung gibt es einige Hinweise, die speziell für eine Gemeinde gelten, in der es vor der Shoa eine jüdische Gemeinde gab. Darum ist der Text kursiv gedruckt. Hier müssten Veränderungen oder Kürzungen vorgenommen werden.

Für diesen Gottesdienst wesentlich war die Raumgestaltung. Wir hatten einen beweglichen Abendmahlstisch, den wir aus der Mitte des Raumes etwas an die Seite gerückt haben. Symmetrisch dazu auf der anderen Seite haben wir einen weiteren, in unserem Fall runden, Tisch gestellt, der gedeckt war mit den jüdischen Symbolen, die im Gottesdienst erklärt wurden: Zwei hohe Sabbatleuchter mit Kerzen, ein Kiddusch-Becher, eine Schale mit zwei geflochtenen Broten (den Chaloth), die von einer Sabbatdecke halb bedeckt waren, ein Gewürzbehälter (die Bessamim-Dose), eine geflochtene Sabbatkerze, ein Kiddusch-Becher mit untergestellter Schale. Außerdem haben wir den Tisch mit einem Siebenarmigen Leuchter (ohne Kerzen!), einem Gebetsschal, einem aufgeschlagenen Gebetbuch und einer aufgeschlagenen Hebräischen Bibel ausgestattet. Das Predigtgespräch fand an diesem Tisch statt.

Wenn die symbolischen Gegenstände erklärt wurden, haben wir sie in die Hand genommen und gezeigt, nicht aber benutzt. Wir haben die Kerzen nicht angezündet. In den Bechern war kein Wein und das Brot haben wir nicht gegessen, um die religiösen Gefühle der Jüdinnen und Juden nicht zu verletzen.

An mehreren Stellen dieses Gottesdienstes haben wir synagogale Musik gesungen oder instrumental zu Gehör gebracht. Aus drucktechnischen Gründen ist es nicht möglich, die entsprechenden Noten abzudrucken. Darum sollten alternative Stücke ausgewählt werden. (Die Noten und Sätze der hebräischen Lieder können bei der Autorin erfragt werden.)

Gottesdienstverlauf

Musik zum Eingang

Z. B.: Tauraß adaunoj von Louis Lewandowski (für Chor, Solistin, Klavier)
Satz mit freundlicher Genehmigung des Leipziger Synagogalchors e. V.

LiturgIn

»Das Zeugnis des Ewigen ist gewiss und macht die Unverständigen weise.« Mit diesen Worten aus Psalm 19 begrüße ich Sie ganz herzlich.

Im Hintergrund sehen Sie ein Fensterbild. Es zeigt den auferstandenen Jesus Christus, die Mitte unseres Glaubens. Diesen Glauben leben und verstehen wir besonders hier in Worms immer auch von unseren jüdischen Wurzeln her. Der jüdische Friedhof und das ehemalige jüdische Viertel in unserer Nähe erinnern uns daran, was uns mit dem Judentum verbindet. Aber jahrhundertelange Gleichgültigkeit, Verachtung und Verfolgung hat auch in unserer Stadt zum Ende einer tausendjährigen jüdischen Gemeinde geführt. Dass es in allerjüngster Zeit Ansätze für die beginnende Neugründung einer jüdischen Gemeinde gibt, ist uns ein Hoffnungszeichen.

Wir wollen von jüdischer Schriftauslegung und Frömmigkeit lernen, denn uns verbindet vieles miteinander. Dazu gehört auch die Heiligung des Feiertages. Ich lade Sie ein, mit uns zusammen über die Bedeutung des Sabbats und des Sonntags nachzudenken. Dabei werden in den Gebeten, in der Musik und in der Predigt Elemente jüdischer wie christlicher Traditionen ihren Ort haben.

Im Wissen um die jüdischen Wurzeln unseres Glaubens feiern wir als christliche Gemeinde unseren Gottesdienst:

Im Namen des Vaters und des Sohnes und des Heiligen Geistes.

Gemeinde
Amen.

Lied: EG 295,1–3 (Wohl denen, die da wandeln)

LiturgIn und Gemeinde im Wechsel: Psalm 121

LiturgIn: Essa enai äl häharim – so klingt der Anfang dieses Psalms in der hebräischen Bibel.

Chor: Essa enai
Melodie: Shlomo Carlebach (aus: Aschira. Jüdische Lieder, hrsg. von Andreas Brosch und Michael Zank, Edingen, ohne Jahresangabe), Satz: Ellen Drolshagen

(Alternative: Ein anderes Lied. Oder der Psalm könnte einfach auf Amen enden. Das sonst übliche Gloria patri wäre vielleicht nicht passend.)

LiturgIn

Lasst uns beten:

Du großer und gütiger Gott! Du schenkst uns diesen Tag zur Ruhe. Heute ist Sonntag – Ruhetag. Eine Woche mit ihren Anforderungen liegt hinter uns. Lass uns innehalten in der Geschäftigkeit oder Leere unseres Alltags. Hilf uns, uns zu sammeln und ruhig zu werden. In unsere Ruhe hinein schenke uns dein Licht, damit es hell wird in uns. Lass uns so erfahren, wie heilsam dein Gebot der Ruhe für uns ist.

LiturgIn

Als Zeichen der Ruhe stehen zwei Kerzen auf dem Sabbattisch. In der jüdischen Tradition gibt es dazu eine Deutung: Gott schenkt den Menschen am Sabbat eine zusätzliche zweite Seele, nur für diesen Tag. Sie ermutigt zur Ruhe, zur Freude und zur Entspannung. Für die beiden Seelen des Menschen zündet die Frau des Hauses am Sabbatabend zwei Kerzen an. Dabei spricht sie: Gelobt seist du, Ewiger, unser Gott, König der Welt, der du uns geheiligt hast durch deine Gebote und geboten, das Sabbatlicht anzuzünden.

Instrumentales Stück

Z. B. Zur mischelo. (Schabbat-Semirot/Volksweise; aus: Aschira. Jüdische Lieder, hrsg. von Andreas Brosch und Michael Zank, Edingen, ohne Jahresangabe; leider inzwischen nicht mehr zu kaufen)

LiturgIn

Du großer und gütiger Gott!

Du schenkst uns diesen Tag zur Freude. Heute ist Sonntag – Feiertag. Wir danken dir für die Zeit zum Feiern, zur Freude, zum Spiel – für Gemeinschaft, für alle erfüllte Zeit. Zeit, in der wir nicht funktionieren müssen. Zeit, die nicht nur gefüllt ist von Verpflichtung und Arbeit. Zeit, in der wir ahnen, dass unser Wert sich nicht in dem erschöpft, was wir hervorbringen, sondern dass es deine Liebe ist, die uns wertvoll macht. Daraus hilf uns zu leben und auch den Sonntag als Feiertag zu gestalten.

LiturgIn

Als Zeichen der Freude steht auf dem Sabbattisch ein Becher mit Wein. Der Mensch genießt und freut sich an den Gaben der Schöpfung. Darum macht der Hausvater vor Beginn des Festessens Kiddusch. Das heißt: Er spricht den Segen über einen Becher Wein: Gelobt seist du, Ewiger, unser Gott, König der Welt, der du die Frucht des Weinstocks erschaffen hast.

Instrumentales Stück
Z. B. Sherele (Nigun), (aus: Schabbes, Schabbes. Jiddische Lieder für drei Klarinetten, bearbeitet von Peter Goden, Bärenreiter Verlag Kassel)

LiturgIn
Du großer und gütiger Gott! Du schenkst uns diesen Tag zum Kraftschöpfen. Sonntag – Tag zur Stärkung. Dafür danken wir dir. In der Ruhe – in der Feier –, in der Besinnung wächst uns neue Kraft zu. Denn so, wie wir dich zum Leben brauchen, so nötig haben wir auch die Zeit zum Auftanken, – die Zeit, in der unsere Seele baumeln kann, in der Gedanken, Bilder und Träume in uns aufsteigen, in der wir uns freuen über Liebe und Vertrauen zwischen Menschen; Zeit, in der wir in besonderer Weise uns deinem Wirken, Gott, anvertrauen. Wir bitten dich: Schenke uns am heutigen Sonntag und an jedem Sonntag neue Kraft für die vor uns liegende Zeit, für unser Leben. Segne du unseren Tag.

LiturgIn
Als Zeichen für Gottes Fürsorge steht auf dem Sabbattisch ein Teller mit zwei geflochtenen Broten, den Chalot. Wie die Zeit zum Kraftschöpfen brauchen wir das tägliche Brot zum Leben. Gott bewahrte sein Volk Israel in der Wüste und nährte es an jedem Morgen mit dem Mannah. Am 6. Tag der Woche gab Gott den Menschen eine doppelte Ration Mannah, für den 7. Tag, den Sabbat. So wie der Tau der Wüste das Mannah bedeckte und es frisch hielt, so bedeckt eine Decke die beiden Brote. Am Sabbatabend spricht der Hausvater den Segen über die beiden Brote: Gelobt seist du, Ewiger, unser Gott, König der Welt, der du Brot aus der Erde hervorbringst.

Instrumentales Stück
Z. B. Mi Ha'isch (aus: Aschira, a. a. O.)
Text: Psalm 34,13–15

LektorIn: Lesung Hebr 4,9–11a

Chor: EG 535 Gloria sei dir gesungen (Satz: J. S. Bach, wie im EG abgedruckt)

Glaubensbekenntnis: LiturgIn und Gemeinde im Wechsel
(aus: Agende der Evangelisch unierten Kirche von Kurhessen und Waldeck, Kassel 1996)

LiturgIn: Wir glauben an den einen Gott, der Himmel und Erde geschaffen hat, uns Menschen zu seinem Bild.

Gemeinde: Er hat Israel erwählt, ihm die Gebote gegeben und seinen Bund aufgerichtet zum Segen für alle Völker.

LiturgIn: Wir glauben an Jesus von Nazareth, den Nachkommen Davids, den Sohn Marias, den Christus Gottes.

Gemeinde: Mit ihm kam Gottes Liebe zu allen Menschen, heilsam, tröstlich und herausfordernd. Er wurde gekreuzigt unter Pontius Pilatus, aber Gott hat ihn auferweckt nach seiner Verheißung, uns zur Rettung und zum Heil.

LiturgIn: Wir glauben an den Heiligen Geist, der in Worten und Zeichen an uns wirkt.

Gemeinde: Er führt uns zusammen aus der Vielfalt des Glaubens, damit Gottes Volk werde aus allen Völkern, befreit von Schuld und Sünde, berufen zum Leben in Gerechtigkeit und Frieden. Mit der ganzen Schöpfung hoffen wir auf das Kommen des Reiches Gottes. Amen.

Gemeinde: EG 651,1–4 Freunde, dass der Mandelzweig
(Schalom Ben-Chorin) aus dem Anhang des Gesangbuches der Evangelischen Kirche in Hessen und Nassau

Sabbatgespräch 1. Teil

PredigerIn 1: Kennzeichen jüdischen Lebens ist es, Kinder und Jugendliche zu lehren. Die Gebote Gottes sollen ein Herzensanliegen werden. Deshalb diskutiert man miteinander über die Bibel und über den Glauben, im jüdischen Lehrhaus genauso wie in der Familie. Argumente werden hin- und hergewendet, oft mit einer gewissen Leichtigkeit. Das wollen wir heute nachempfinden, wenn wir mit *(Name des*

Jugendlichen/der Jugendlichen einsetzen) über den Sabbat reden.

PredigerIn 2: Im Mittelalter gab es einen berühmten jüdischen Schriftausleger, Rabbi Schlomo ben Jizchak, genannt Raschi, der seine Studienzeit *(hier)* in Worms verbracht hat. Von Raschi heißt es, er habe seine drei Töchter unterrichtet. Und das war zu seiner Zeit nicht gerade üblich, denn die jüdische Tradition, der Talmud, spricht eher davon, Söhne und männliche Schüler zu unterrichten.

Jugendliche(r): Also wie ist das mit dem jüdischen Sabbat? Ist das eigentlich dasselbe wie der Sonntag?

PredigerIn 1: Ja und nein. Unser wöchentlicher Ruhetag geht zwar auf den jüdischen Sabbat zurück. Wir feiern ihn aber nicht am Samstag. Außerdem hat unser Sonntag noch eine zusätzliche Bedeutung bekommen: Er erinnert an die Auferstehung Christi am Tag nach dem Sabbat.

PredigerIn 2: Am Ende der ersten Schöpfungsgeschichte steht etwas zum Sabbat.

LektorIn: So wurden vollendet Himmel und Erde mit ihrem ganzen Heer. Und so vollendete Gott am siebenten Tage seine Werke, die er machte, und ruhte am siebenten Tage von allen seinen Werken, die er gemacht hatte. Und Gott segnete den siebenten Tag und heiligte ihn, weil er an ihm ruhte von allen seinen Werken, die Gott geschaffen und gemacht hatte. (Gen 2,1–4)

Jugendliche(r): Dass Gott sich ausruhen muss, das klingt schon komisch. Vorhin am Anfang des Gottesdienstes, da hieß es doch im Psalm: Gott schläft nicht.

PredigerIn 2: Das ist Raschi auch schon aufgefallen. Und er schreibt dazu: »Gibt es denn für Gott Ermüdung? Nein«, sagt er. »Aber wenn schon der, vor dem es keine Ermüdung gibt, über sich hat schreiben lassen, dass er ... am 7. Tag ausruhte, um wie viel mehr soll dann der Mensch ausruhen?«

Jugendliche(r): Halten die Juden den Sabbat deswegen so streng ein, weil sogar Gott ihn eingehalten hat?

PredigerIn 1: Ja. Dass selbst Gott nach all seinem Tun als Schöpfer innehält, ist bezeichnend. Die Welt lebt eben nicht nur vom

	Machen. Wer sein eigenes Tun nie unterbricht, wie soll der noch auf Gottes Taten achten oder Achtung haben vor dem Tun anderer Menschen? Solche Achtung lehrt der Ruhetag.
PredigerIn 2:	»Deshalb«, so schreibt ein jüdischer Autor, »steigen wir alle sieben Tage vom Thron unserer vermeintlichen Herrlichkeit herab.« Wir sollen uns erinnern, dass wir keine Schöpfer sind und auch zeigen, dass wir es wissen.
Jugendliche(r):	Und wie sollen wir das zeigen? Durch Nichts-Tun? Irgendwie klingt das ziemlich freudlos. So als wollte man sich selbst klein machen.
PredigerIn 1:	Ich denke, da, wo der Ruhetag noch ernst genommen wird, ist er doch auch eine soziale und kulturelle Errungenschaft. Menschen können regelmäßig Zeit miteinander verbringen. Sie müssen nicht erst unterschiedliche Arbeits- und Freizeitrhythmen aufeinander abstimmen. Inzwischen ist es doch oft so, dass man einen gemeinsamen freien Tag kompliziert organisieren und absprechen muss, fast wie einen kleinen Urlaub, den wir ja auch nicht alle gleichzeitig haben. Regeln und Gebote ernst zu nehmen, in unserem Fall das Feiertagsgebot, könnte da eine Hilfe sein. Aus der bäuerlichen Welt meiner Kindheit ist mir Folgendes in Erinnerung geblieben: Meine Eltern spazierten mit mir sonntags zu diesem oder jenem Feld, um, wie sie sagten, »zu gucke, wie's dort wächst«. Es wäre ihnen nie in den Sinn gekommen, dann eine Arbeit zu tun. Dafür waren die Wochentage da.
PredigerIn 2:	Der Talmud sagt: Es gibt drei Dinge, die ein Vorgeschmack des Himmels sind: Der Sabbat, die Sonne und die Liebe zwischen Mann und Frau.
Jugendliche(r):	Das klingt echt gut. Und wenn ich mir dann vorstelle, in jeder Woche gäbe es einen Tag, an dem kein Auto fährt, kein Flugzeug fliegt, keine Maschinen dröhnen. Das wäre immerhin umweltfreundlich.
PredigerIn 1:	Ja, mit den Menschen kommt die ganze Schöpfung zur Ruhe. In den 10 Geboten heißt es ausdrücklich, dass am Sabbat auch die Arbeitstiere ausruhen dürfen. Leider hat Martin Luther im Kleinen Katechismus nur noch die allge-

meine Formulierung »Du sollst den Feiertag heiligen«. Er konzentriert sich ganz auf die Achtung von Predigt und Gotteswort. Das kann in der heutigen öffentlichen Diskussion zu einer Art Bumerang werden: Weil nur noch eine Minderheit an den Gottesdiensten interessiert sei, so heißt es dann, könne davon doch nicht die Sonntagsgesetzgebung für die Mehrheit abhängig gemacht werden. Es stehe ja allen frei, statt zum Einkauf in den Gottesdienst zu gehen. Dabei wird aber der kulturelle und soziale Wert des Ruhetages komplett übersehen.

Jugendliche(r):   Das mit der Ruhe, das ist gut gesagt. Mir fällt es aber trotzdem schwer abzuschalten.

Predigerin 2:   Deshalb haben die Juden auch Riten mit Gebeten und Liedern, um sich darauf einzustimmen. Da ist fast eine Zärtlichkeit, mit der der Sabbat gesehen wird. Bis hin dazu, dass er wie eine Person behandelt wird, und zwar als eine Braut und Königin. Die Königin Sabbat wird in einem Lied in der Synagoge feierlich begrüßt. Lecha dodi – Auf, mein Freund, der Braut entgegen, Königin Sabbat wollen wir empfangen. An einer Stelle des Liedes wendet sich dann die Gemeinde zur Eingangstür und verneigt sich. Jetzt ist sie da. Ruhe kehrt ein.

Solo-Gesang oder Vortrag des Textes
Lecha dodi, 1. Strophe, Text: Salomo Alkabez (um 1540)
(aus: Aschira, a.a.O.), Deutscher Text aus: Sidur Sefat Emet mit deutscher Übersetzung von Rabbiner Dr. S. Bamberger, Basel 1982

Auf, mein Freund, der Braut entgegen, Königin Sabbat wollen wir empfangen! »Hüte und gedenke (des Sabbats)« in einem Worte ließ (am Sinai) der einzige Gott uns vernehmen, einzig ist der Ewige und sein Name einzig, zur Ehre und Herrlichkeit und zum Ruhm.

Sabbatgespräch 2. Teil

Predigerin 1:   Der Philosoph Ernst Bloch hat schon vor Jahrzehnten unsere Sonntage »dilettantisch faul« genannt. Ich denke, wir müssen ja nicht gleich Profis werden. Denn das hört sich auch wieder nach Arbeit an. Aber vielleicht zu Amateuren, zu Liebhabern der schöpferischen Ruhe.

Predigerln 2: So hat sich auch Raschi darüber Gedanken gemacht. Er deutet die Worte aus den 10 Geboten »Sechs Tage sollst du alle deine Werke tun« folgendermaßen: »Wenn der Sabbat kommt, dann sind in deinen Augen alle deine Werke vollbracht, dass du nicht einmal über die Arbeit nachdenkst.«

Jugendliche(r): Halten sich eigentlich alle Juden an den Sabbat?

Predigerln 2: Das kann man so nicht sagen. In den Medien fallen natürlich vor allem die Juden auf, die besonders eng in Bezug auf den Sabbat denken. Die Mehrheit beachtet die Sabbatgebote weniger genau. Aber trotzdem: Der Sabbat bedeutet den meisten Juden mehr als der Sonntag den Christen.

Predigerln 1: Natürlich klaffen Ideal und Wirklichkeit auseinander. Aber wäre die Welt nicht ärmer ohne diese Idee? Der Reformator Calvin nennt als einen wichtigen Grund für den Ruhetag, die Werke Gottes zu meditieren. Ich möchte dies eher »staunend zur Ruhe kommen« nennen. Der jüdische Sabbat wurde einmal als Kathedrale in der Zeit beschrieben. Die steinernen Kathedralen des christlichen Mittelalters verweisen auf die Erhabenheit Gottes. Das sabbatliche Innehalten in der Zeit erschließt das Staunen vor der Gegenwart des Ewigen.

Jugendliche(r): Ich habe aber im Religionsunterricht gehört, dass Jesus auch dauernd Gebote übertreten hat; vor allem das Sabbat-Gebot. Er hat Leute geheilt oder irgendwelche Sachen gemacht, die am Sabbat verboten waren. Er hat das alles irgendwie lockerer gesehen und den Menschen mehr Freiheit gelassen. Zum Beispiel hat er gesagt: Der Sabbat ist für die Menschen da und nicht der Mensch für den Sabbat.

Predigerln 1: Das stimmt. Es steht wirklich so im Neuen Testament, dass Jesus für eine großzügigere Gesetzesauslegung war. Es fragt sich nur, was das für uns heute bedeutet, nachdem jüdisches Leben jahrhundertelang von Christen missachtet wurde. Ich denke, wir haben als Christen einen großen Nachholbedarf, dieses Leben in seinen Stärken kennen zu lernen. Regeln und Gebote können doch auch eine Chance sein, so eine Art Schutzraum, in dem der Einzelne sich entfalten kann. Übrigens sind Juden gegenüber ihrer eigenen Tradition oft selbstkritischer, als das bei vielen Christen der Fall ist.

PredigerIn 2: Das ist sogar im Talmud so. Und man muss bedenken, dass vieles, was darin steht, schon z. Zt. Jesu diskutiert wurde. Dann wäre Jesu Kritik eher jüdische Selbstkritik. Die Rabbinen im Talmud bringen viele Beispiele, wann der Sabbat gebrochen werden soll, ja, sogar muss, um Menschen zu helfen.

PredigerIn 1: Grundsätzlich täte es uns Christen gut, an dem Feiertagsgebot festzuhalten. Und meiner Meinung nach liegt dem Ruf nach Lockerung der Sonntagsgesetzgebung ein sehr einseitiges Verständnis von Freiheit zu Grunde. Denn wer heute ein möglichst gleichmäßiges Arbeiten 24 Stunden täglich an 7 Wochentagen verlangt, damit die Wirtschaft richtig rund läuft, der macht die Maschinen zum Maß des Menschlichen. Was ist die angebliche Freiheit des Sonntagseinkaufs gegen den Zwang, dass so viele dann auch an vielen Sonntagen arbeiten müssten?

Jugendliche(r): Ich habe gelesen, dass am Sabbat ziemlich viel gebetet wird. Gehen die Juden dann dauernd in die Synagoge?

PredigerIn 2: Das ist sehr verschieden. Ein großer Teil der Gebete wird zu Hause gesprochen. Da wo Juden zerstreut leben und die nächste Synagoge nicht in Fußnähe ist, kann der Sabbat genauso in der Familie oder mit Freunden gefeiert werden. Überhaupt spielt die Familie eine große Rolle. Vor dem Essen werden am Sabbat-Abend die Kinder gesegnet.

Jugendliche(r): Von wem? Bei uns segnen doch nur die Pfarrer und Pfarrerinnen.

PredigerIn 2: Meistens ist es der Vater, der den Kindern die Hände auf den Kopf legt und sie segnet.

Jugendliche(r): Das finde ich echt gut. Das sollten wir bei uns auch einführen.

PredigerIn 1: Die Familie als Hausgemeinde und der Vater als ihr Leiter – das war früher auch ein Ideal bei uns Evangelischen.

Wenn wir heute daran anknüpfen wollten, möchte ich allerdings auch die Mütter mehr im Vordergrund sehen und bedenken, dass es inzwischen ganz unterschiedliche Familienformen gibt. Auf jeden Fall drückt sich mit dem Segnen aus, wie ernst die Kinder genommen werden.

Jugendliche(r): Jetzt ist das ja so, dass man am Sabbat nicht fernsehen darf oder telefonieren. Man kann keinen Ausflug mit dem Auto machen usw. Was macht man dann eigentlich den ganzen Sabbat lang? Mir würde da die Decke auf den Kopf fallen.

PredigerIn 2: In einer religiösen jüdischen Familie verbringt man die Zeit so miteinander: Man redet nicht über die Arbeit, sondern holt das an Gesprächen nach, was man während der Woche versäumt hat. Man hat Zeit zum Nachdenken, zum Lesen, Spazierengehen, zum Nichtstun – eine Oase der Ruhe. Der Sabbat ist aber auch die beste Gelegenheit für Fragen. Man diskutiert über den Glauben, so wie wir das eben getan haben. Und so türmen sich auch bei uns alle möglichen Dinge auf dem Tisch, um die kniffligen Fragen von *(Name des Jugendlichen/der Jugendlichen einsetzen)* beantworten zu können – für die wir uns gerne Zeit genommen haben.

Jugendliche(r): Ja, das gefällt mir, dass die Erwachsenen sich Zeit nehmen. Ich glaube, das könnte mir auch Spaß machen, wenigstens ein bisschen was von der Art des jüdischen Sabbats bei uns Christen zu erleben.

Gemeindegesang: Hineih ma tov
(aus: Mein Kanonbuch, tvd-Verlag, Düsseldorf 3. Aufl. 1992)

Oder Chor: Schalom alejchem
Melodie traditionell, Satz: Ellen Drolshagen
Übersetzung: Sidur Sefat Emet mit deutscher Übersetzung von Rabbiner Dr. S. Bamberger, Basel 1982

Friede mit euch, Engel des Dienstes, Engel des Höchsten, vom König aller Könige gesandt, dem Heiligen, gelobt sei er. Eure Einkehr sei zum Frieden, Engel des Friedens, Engel des Höchsten, vom König aller Könige gesandt, dem Heiligen, gelobt sei er.

Segnet mich zum Frieden, Engel des Friedens, Engel des Höchsten, vom König aller Könige gesandt, dem Heiligen, gelobt sei er. Euer Ausgang sei zum Frieden, Engel des Friedens, Engel des Höchsten, vom König aller Könige gesandt, dem Heiligen, gelobt sei er.

LektorIn

Lasst uns beten: Gott, unser Ursprung, den wir Vater nennen, Juden wie Christen, wir danken dir, dass du uns still machst, dein Wort zu hören, damit wir auch aufeinander hören können, lernen von der Tradition der anderen. Wir bitten dich, lass nicht zu, dass Judenhass und Rassismus die Achtung voreinander und unsere gemeinsame Hoffnung zerstören.

Gemeinde: EG 237,1 Und suchst du meine Sünde

LektorIn

Sei allen nahe, die unruhig sind, rastlos der Zeit hinterherlaufen. Gib ihnen erfüllte Ruhe, Unterbrechung ihres Alltags. Sei mit deinem Geist bei allen, die sich gegen die Aushöhlung des Sonntags wehren.

Gemeinde: EG 237,2

LektorIn

Lass niemand allein, auch die Kinder und Jugendlichen nicht, die oft mit ihrer Zeit nichts anfangen können oder die unter unerträglichem Leistungsdruck leiden. Gib ihnen, gib uns das Gefühl, dass wir zu dir kommen können und bei dir Geborgenheit finden.

Gemeinde: EG 237,3

LektorIn

Wir bitten dich, lass uns für eine Welt voller Liebe, Gerechtigkeit und Vergebung einstehen. Gib uns die Kraft und die richtigen Gedanken, damit wir uns gemeinsam für den Frieden und die Bewahrung deiner Schöpfung einsetzen.
Und alles, was uns sonst noch bewegt, legen wir hinein in das Gebet, das Jesus uns gelehrt hat, und sprechen gemeinsam: Vater unser …

Gemeinde: EG 421 Verleih uns Frieden gnädiglich

LiturgIn: *(nimmt den Gewürzbehälter in die Hand)*
Mit dem Einbruch der Nacht geht am Samstagabend der Sabbat zu Ende. Feierlich wird er in der Synagoge oder auch zu Hause verabschiedet,

und zwar mit dem Hawdalah-Segen. Als Zeichen für Freude und Wohlbefinden steht ein Gewürzbehälter mit duftenden Kräutern. Der Wohlgeruch des Sabbats wird mit in die neue Woche genommen.

Liturgln: *(nimmt die geflochtene Kerze und später den Kidduschbecher in die Hand)*
Dann wird eine geflochtene Kerze angezündet, die erste Arbeit nach dem Sabbat. Der Alltag hat wieder begonnen. Aber der Übergang zwischen Sabbat und Alltag ist sanft. Darum wird noch einmal ein Kidduschbecher mit Wein gefüllt, so voll, dass er über den Rand fließt. Der Segen des Sabbats soll in die neue Woche fließen. Jeder trinkt von diesem Becher. Dann wird die Kerze mit dem Rest des Weines gelöscht. Der Sabbat ist zu Ende. Man wünscht sich gegenseitig: Schavua tov, eine gute Woche.

Liturgln
Eine gute Woche – das wünschen auch wir Ihnen. Darum geht in diese Woche und bleibt unter dem Segen Gottes:
Der Herr segne dich und behüte dich. Der Herr lasse sein Angesicht leuchten über dir und sei dir gnädig. Der Herr hebe sein Angesicht über dich und gebe dir Frieden.

Gemeinde
Amen. Amen. Amen.

Instrumentales Nachspiel

»Der Herr behütet die Fremdlinge«

Gottesdienst zu Psalm 146 – mit christlicher Perspektive

Rolf Heinrich

Vorbemerkung
Der Gottesdienstentwurf geht im Wesentlichen zurück auf einen Gottesdienst, der am Epiphanias-Tag in der Zionskirche Bethel gefeiert wurde, an dem die Diakonische Gemeinschaft Nazareth ihr jährliches Epiphanias-Treffen veranstaltet. Diese Treffen sind immer geprägt von den ökumenischen

Partnerschaften, die die Gemeinschaft Nazareth zum Beispiel mit der Nord-Ost-Diözese in Tansania, mit Freunden in Palästina, mit der Ev.-luth. Kirche in Rio de la Plata und mit der Diakonenausbildungsstätte Nagykörös in Ungarn hat. Zu dieser Partnerschaftsarbeit gehört das Engagement von Mitgliedern der Gemeinschaft in der Begleitung von Asylbewerberfamilien.

Im Gottesdienst erzählte eine Familie von ihren Erfahrungen als Asylbewerber in Deutschland. Im Anschluss an den Gottesdienst fand ein gemeinsames Essen, Begegnungen und Gespräche mit Flüchtlingen statt. Dazu gehörten ein Film über Ursachen und Hintergründe der Flucht und Informationen über Länder, aus denen Menschen fliehen, und über das Netzwerk »Asyl in der Kirche«. (Möglicher Film: »Reise zur Sonne« von Yesim Ustaoglu, im Verleih Pegasus-Film, ausgezeichnet mit »Blauer Engel« und »Friedenspreis«, Berlinale 1999).

Anlass für einen ähnlichen Gottesdienst in anderen Gemeinden kann die »Woche der ausländischen Mitbürger«, der »Tag des Flüchtlings«, der »Tag der Menschenrechte« oder ein konkreter Anlass im Engagement für und mit Flüchtlingen vor Ort sein.

Vorschläge zur Liturgie

Lieder
Damit aus Fremden Freunde werden, EG 674
Brich mit den Hungrigen dein Brot, EG 420
Meine engen Grenzen, EG 600
Du hast vereint in allen Zonen, EG 609
Wir beten für den Frieden, EG 678

Lesungen
Jesaja 60,1–6
Matthäus 2,1–12

Gebete
Psalm 146 (im Wechsel), EG

Herr Jesus Christus,
der du von einer hebräischen Mutter geboren;
aber voller Freude warst
über den Glauben einer syrischen Frau
und eines römischen Soldaten;
der du die Griechen, die dich suchten,
freundlich aufgenommen hast

und zuließest,
dass ein Afrikaner dein Kreuz trug –
hilf uns,
Menschen aller Rassen und Nationalitäten,
aller Farben und Schichten
als Miterben in dein Reich zu bringen.
(aus Südafrika)

Herr, wie wunderbar ist es,
wie angenehm und gut,
geheilt zu werden
von jener zerstörerischen Krankheit
namens Rassismus
und als Gottesvolk
in Harmonie miteinander zu leben.
Dein Geist, Herr,
wird Herz und Verstand aller Völker erfüllen.
Niemand wird mehr nach seiner Hautfarbe
oder seinem Aussehen beurteilt;
alle werden gleich und gerecht
und redlich behandelt.
Herr, der Krieg wird aufhören
und das Volk wird gemeinsam
das Land wieder aufbauen.
Es wird keine Anspielungen mehr geben
auf Hautfarbe oder Herkunft;
denn alle werden deine Kinder sein,
der du alle nach deinem Bilde schufst.
Es wird der Anfang dessen sein,
was du allen versprachst:
Leben,
das niemals enden wird.
(aus Namibia)

Wenn ihr Deutschen und alle Menschen fühlen könntet wie wir!
Wenn ihr versuchen könntet, zu fühlen wie ein Mensch,
der weit weg ist von seinem Heimatland!

Entwurzelt sind wir: Heimatlos.
Wenn ihr nur Kamerad sein könntet für einen Flüchtling!
Wir flüchten vor den Trennungen.
Wenn ihr wüsstet, wer all diese Trennungen verursacht hat.
Ich spreche zu euch, Felsen, grüne Wiesen und freie Vögel.
Wie viele Frauen und Männer verließen uns und starben dort –
unbeachtet.
Ich wünsche, ich wär geblieben und gestorben wie sie.
O Mutter! Wo sind diese Frauen und Männer hingegangen?
Ich wünschte, sie wären am Leben.
Ich wünschte, ich wäre kein Flüchtling.
Ich wünschte, ich wäre nicht am Leben.

(Gebet eines Asylsuchenden)

Predigt
zu Psalm 146

»Halleluja! Lobe den Herrn, meine Seele. Ich will den Herrn loben, solange ich lebe, und meinem Gott lobsingen, solange ich bin.«
Ich lade Sie ein, mit mir an diesem Sonntagmorgen die brennende Ak-
tualität des 146. Psalms wieder zu entdecken.
Ich stimme ein in diesen Lobgesang des Psalms: Halleluja, denn von
den Flüchtlingen, die in den vergangenen fünf Jahren in mehr als zwei-
hundert katholischen und evangelischen Kirchengemeinden Zuflucht
gefunden haben, wurden über neunhundert Menschen gerettet. Ohne
die Kirchenasyle hätte den Flüchtlingen bei einer Abschiebung erneute
politische Verfolgung und Gefahr für Leib und Leben gedroht.
»Lobe den Herrn, meine Seele.« Es gibt Momente im Leben, da denkt
man: Der Himmel tut sich auf: Denn wer einen Menschen rettet, das ist
so, als hätte er die ganze Menschheit gerettet.
Ich möchte allezeit bewahren in meinem Herzen die kostbare Erinnerung an die ermutigenden Erfahrungen in meinem Leben. All das Gute
sollte zählen und nicht das Unmenschliche.
So will ich loben: Ich bin während der Asyle in Gemeinden Menschen
begegnet, die andere nicht nach ihrer Hautfarbe oder ihrem Aussehen
beurteilen. Ich bin PolitikerInnen und BeamtInnen begegnet, die den

Spielraum der Gesetze nutzen und Menschenwürde und Menschenrechte achten. Ich bin ÄrztInnen begegnet, die Flüchtlinge und Illegalisierte kostenlos behandeln. Ich bin ApothekerInnen begegnet, die Medikamente kostenlos an Flüchtlinge abgeben. Ich bin ErzieherInnen, LehrerInnen begegnet, die selbstverständlich Flüchtlingskinder in ihre Kindergärten und Schulen aufgenommen haben. Ich bin KünstlerInnen begegnet, die aus Solidarität zu den Flüchtlingen aufgetreten sind. Ich bin JournalistInnen begegnet, die mit Herzenswärme und Sympathie vom Schicksal der Flüchtlinge berichteten. Ich bin einem Konfirmanden begegnet, der spontan sein Konfirmationsgeld für das Kirchenasyl spendete. Ich habe einen Glauben erlebt, der Menschen nicht trennt, sondern zusammenführt: Aleviten, Sunniten und Schiiten, Katholiken und Protestanten, Alte und Junge, Männer und Frauen. Ich bin mir selbst begegnet, den fremden Seiten und dem versteckten Rassismus in mir. Ich habe entdeckt, nicht eine Religion, nicht eine Rasse, nicht die Macht oder das Geld machen einen Menschen zum Menschen. Der Mensch wird zum Menschen, weil er sein Leben lang von klein auf auf Hilfe und Beistand, auf Respekt und Unterstützung angewiesen ist.

In all diesen Menschen bin ich Gott begegnet, der versprochen hat, die Fremden zu behüten. Sie finden Zuflucht unter den Flügeln Gottes, so wie ein kleines Kind sich bei seiner Mutter birgt, wenn es Angst hat (Ps 7,2). Ich bin einem Gott begegnet, vor dem ich keine Angst haben muss, der mich nicht einschüchtert, bei dem ich nicht fragen muss, ob ich das Gesetz befolgt habe. Ich bin einem Gott begegnet, der menschlich ist. Das macht Mut. Lobe den Herrn, der die Fremden behütet und das Leben vom Verderben erlöst.

Wer aber sind die Fremden, von denen der Psalm singt? Es sind nicht die Ausländer gemeint, zu denen Geschäftsbeziehungen bestehen. Es ist nicht in erster Linie der durchreisende Gast oder Tourist gemeint. Es ist der Fremde gemeint, der sich längerfristig oder auf Dauer dort aufhält, wo er nicht hingehört, wo er keine Verwandtschaft, kein Einkommen und keinen Besitz hat. Es sind nicht die erwünschten oder verwertbaren Fremden gemeint, nicht die reichen und angesehenen Fremden, nicht der fremde Fußballspieler, der für Bundesligamannschaften Tore schießt und viel Geld verdient. Nicht der japanische Bankier oder der ausländische Geschäftsmann, der in Deutschland Geschäfte macht. Nicht der indische Computerspezialist, den unsere Wirtschaft so dringend braucht.

Es sind die unerwünschten Fremden gemeint, die aus Angst vor Armut und Hunger, aus Angst vor Verfolgung und Folter nach Deutschland geflohen sind. Im ersten Teil der Bibel wird nicht unterschieden zwischen Wirtschaftsflüchtlingen, die vor Armut und Hunger fliehen, und politischen Flüchtlingen. Denn Armut und Hunger sind immer auch Folgen politischen und wirtschaftlichen Unrechts. So war das ganze Volk Israel ein Volk von Wirtschaftsflüchtlingen, die eine Hungersnot zur Flucht nach Ägypten zwang.

Gott aber barg die Fremden unter seinen Fittichen, weil es ganz konkrete Lebensregeln gab, die ihren Schutz garantierten. Es gab nicht nur den Tempel, in dem Flüchtlinge Schutz fanden, sondern sechs über das Land verteilte Städte, damit der Fliehende auf der Flucht auch eine Chance hatte, einen sicheren Ort zu erreichen, an dem er geschützt war vor dem Zugriff der Verfolger. Dort in diesen Städten erhielten sie Häuser zugewiesen und konnten dort leben und arbeiten (Josua 20,4). Einige blieben ihr Leben lang im Tempel und wurden dort angestellt und beschäftigt als Tempelsänger zum Beispiel. Sie sollten nicht als billige Arbeitskraft ausgenutzt werden (5. Buch Mose 24,14 f.) und in ihrer Hilfsbedürftigkeit nicht unterdrückt werden. Ölbäume sollten nur einmal geschüttelt, in den Weinbergen sollte keine Nachlese gehalten werden, auf den Feldern sollte nur einmal geerntet werden, weil das alles für den Lebensunterhalt der Fremden dienen sollte! Darauf hatten die Fremden einen Rechtsanspruch in Israel. Es war nicht der Gnadenerweis eines mächtigen Staates oder einer hilfsbereiten Gemeinde, den sie jederzeit hätten widerrufen können. Es war das Recht des Verfolgten und Fliehenden, Zuflucht zu finden.

Aber in den Psalmen, und so auch im 146. Psalm geht es um Lebenserfahrungen, deshalb bleibt der Psalmist mit beiden Füßen auf dem Boden der harten Wirklichkeit.

»Verlasst euch nicht auf Fürsten, sie sind Menschen«, sie drehen und wenden ihre Ansichten nach ihren wirtschaftlichen und politischen Machtinteressen. Die politisch Mächtigen handeln nach anderen Regeln als denen der Liebe und des Rechts. Im Konfliktfall zwischen politischen, wirtschaftlichen oder militärischen Interessen und dem Recht des Fliehenden, Zuflucht zu finden, siegen die politischen und wirtschaftlichen Machtinteressen.

So ist es bis heute auch in unserem Land, das zu den größten Rüstungs-exporteuren der Welt gehört. So ist es bis heute in einem Rechtsstaat, in dem Menschen ohne Rechte leben müssen. In unserem Rechtsstaat haben sich über fünfzig Flüchtlinge in Abschiebegefängnissen umge-bracht, weil sie Angst hatten, in ihre Heimat abgeschoben zu werden. So im April des vergangenen Jahres ein Junge aus Sri Lanka, der im Alter von zwölf Jahren alleine nach Deutschland geflohen war und Obhut fand bei einem in Deutschland lebenden Onkel. Er wurde in Abschiebehaft genommen. Zwei Tage später fand man ihn. Er hatte sich an seinen Schnürsenkeln erhängt – aus Angst vor einer erzwungenen Rückkehr nach Sri Lanka. Er wurde siebzehn Jahre alt.

Warst du, Gott, der du die Fremden liebst, an seiner Seite, als er starb? Gott, bist du der, der sich an alle und jeden erinnert, der alle Tränen auf-bewahrt und in einem Krug sammelt?

»Verlasst euch nicht auf Fürsten, sie sind Menschen. Wohl denen, des-sen Hilfe Gott ist, der Recht schafft denen, die Gewalt leiden.« Das ist nicht als leeres Wort oder hohle Floskel gemeint , sondern es ist ein ein-klagbares Recht vor Gott, dessen Treue ewiglich hält. Haben uner-wünschte Fremde und Flüchtlinge vor den Behörden, vor den Gerich-ten und vor den Politikern kein Gehör gefunden, ist für sie rechtlich alles zu Ende, dann ist Gott, der die Fremden behütet, ihre letzte Chan-ce. Im Kirchenasyl, bei Menschen finden sie Zeit und einen geschütz-ten Ort, damit ihr Anliegen bei den Mächtigen dieser Welt noch einmal zu Gehör gebracht werden kann, solange, bis sie Schutz und Hilfe fin-den.

Aber es gibt nicht nur politische und wirtschaftliche Macht, sondern auch eine religiös-politische Macht, die ich nicht verschweigen kann und will. Gottes ewige Treue galt in der Lebenswelt des Psalmisten nur den einheimischen Fremden und Flüchtlingen, die Juden waren, oder den Ausländern, die sich zum Gott Israels bekannten.

Die Kirchengemeinden, die unerwünschte Fremde und Flüchtlinge auf-genommen haben, haben in der Nachfolge Jesu Christi nicht nach der Religion der Flüchtlinge gefragt. Sie erwarteten auch nicht, dass sie Christen werden. Sie haben Moslems, Buddhisten und Hindus aufge-nommen, weil sie ihr Leiden gesehen und ihrer Angst geglaubt haben. Sie haben die ausschließende Enge des Psalms in der Nachfolge Jesu ausgeweitet auf alle Menschen, die des Beistands und der Hilfe bedürftig sind, unabhängig von ihrer Religion, ihrer Nationalität oder ihrer Kultur. Gott behütet die Fremden, die ausländischen Fremden und die inländischen Fremden. Fremde sind nicht nur die Flüchtlinge, die zu uns kommen. Es gibt Fremde im eigenen Land. Diesen Zusammenhang hat der Sänger des 145. Psalms besonders betont: Gott behütet die Fremden, genauso erhält er die Witwen und Waisen, macht er Gefangene frei, macht er Blinde sehend, speist er Hungrige und richtet er auf, die niedergeschlagen sind.

Ausländergesetze in Deutschland treffen nicht nur ausländische Fremde, sie sind Testgesetze für deutsche Fremde. An ihnen wird ausprobiert, was man anschließend einheimischen Fremden, kranken, alten und ausgegrenzten Menschen zumuten kann. Die gewalttätigen Übergriffe auf fremde, unerwünschte Ausländer in Deutschland trafen anschließend auch die einheimischen Fremden: Behinderte und Obdachlose.

Gott, du behütest die Fremden und du begegnest mir im Fremden, der mich um Hilfe und Beistand bittet. Du bist es selbst, der im Fremden an meine Tür klopft.

So wie Dietrich Bonhoeffer es ausgedrückt hat: »Menschen gehen zu Gott in ihrer Not, flehen um Hilfe, bitten um Glück und Brot, um Errettung aus Krankheit, Schuld und Tod.

Menschen gehen zu Gott in seiner Not, finden ihn arm, geschmäht, ohne Obdach und Brot, sehn ihn verschlungen von Sünde, Schwachheit und Tod. Christen stehen bei Gott in seinem Leiden.«

So wie Matthäus in der Rede vom Weltgericht Gott selbst sagen lässt: »Denn ich bin hungrig gewesen, und ihr habt mir zu essen gegeben. Ich bin durstig gewesen, und ihr habt mir zu trinken gegeben. Ich bin ein Fremder gewesen, und ihr habt mich aufgenommen. Ich bin nackt gewesen, und ihr habt mich gekleidet. Ich bin krank gewesen, und ihr habt mich besucht. Ich bin im Gefängnis gewesen, und ihr seid zu mir gekommen.«

Kann ich einem Leidenden meinen Beistand verweigern, ohne Schaden an meiner Seele, an meinem Ich und an meinem Leben zu nehmen?

»Halleluja. Lobe den Herrn, meine Seele, der die Fremden behütet und mir selbst in ihnen begegnet. Halleluja.«

Meditation am Schluss

Nachruf auf B. G.

Nicht anerkannt
Keine Duldung.

ABSCHIEBUNG!

Fassungslos,
verständnislos,
ohnmächtig
haben wir damals dabeigestanden,
als man dich zurückschickte.
Und niemand von uns
wagte eine Prognose zu stellen
ob auch du ...

Wir wussten
in welcher Gefahr du warst
und konnten es dennoch nicht verhindern.

WIR HABEN ES NICHT VERHINDERT!

Bald schon hatte uns
der Alltag eingeholt.
der Alltag ohne dich,
der Alltag ohne deine Besuche,
ohne den Spaß und
ohne den Ernst,
ohne die Sorgen und
ohne die Freuden,
die wir jahrelang mit dir geteilt haben.

Dann kam dein Brief,
dein Bruder brachte ihn uns.
Du bist gut angekommen,
schreibst,
lebtest nun bei deiner Mutter.
Glücklich sei sie schon, deine Mutter,
doch sie hätte ständig Angst um dich,

Angst, sie könnten dich wegschleppen,
irgendwohin
und verhören und foltern und ...
Das seien die Sorgen deiner Mutter,
schreibst du,
von deiner Angst schreibst du nichts!
Heiraten willst du, im nächsten Monat.
Wir atmen auf,
Gott sei Dank, DU LEBST!
Und – für einen Moment
war es so,
als seiest du in unserer Mitte.

Dann warten wir wieder
auf ein Lebenszeichen von dir;
Woche um Woche,
Monat um Monat.
Furcht und schlimme Ahnungen
befielen uns,
umso schlimmer,
je mehr Zeit verging.

Dann kam der Brief deines Onkels.
Ich weiß noch heute,
wie es war,
als wir ihn lasen.

Man hatte dich gefunden,
das,
was von dir übrig geblieben war;
als Leiche angeschwemmt
an den Ufern des Mahaweli Ganga,
wie eine tote Ratte.

Irgendwann hatten sie dich abgeholt,
schreibt er,
und niemand wusste,
wohin sie dich schleppten.
Euer ganzes armseliges Vermögen

hat sie hergegeben, deine Mutter,
um dich zu suchen,
Beamte, Polizisten, Gefängniswärter
hat sie bezahlt
in allen möglichen Orten.
Sie nahmen es alle, das Geld,
doch dich
hat niemand mehr
lebend wieder gesehen.

Krank vor Gram sei sie nun,
deine Mutter
und deine junge Witwe,
mit deinem Kind unter ihrem Herzen,
sorgt nun für deine Mutter.
Wir haben damals nicht verstanden,
dass du heiraten wolltest,
angesichts der großen Gefahr;
doch heute,
da ahnen wir um die Bedeutung.

Ohnmächtig
haben wir damals dabeigestanden,
als man dich abschob.

WIR HABEN ES NICHT VERHINDERT!

Und das ist dein Vermächtnis an uns:

WIR WERDEN NICHT MEHR ZUSEHEN,

wenn jemand abgeschoben werden soll
in ein Land,
in dem sein Leben in Gefahr ist!

WIR WERDEN ES NICHT MEHR HINNEHMEN!
Und wenn wir Menschen verstecken müssen
wie damals im Dritten Reich –
vor dem Zugriff
der Handlanger
der Mörder!

(M. Kandeepan, Sankt Augustin)

Wer ist das Volk Gottes?

Ein Gottesdienst zum Israelsonntag

Ulrich Haag

Erwählung
Ein Sündenbekenntnis

Gott, der du einer bist für alle Menschen, Völker und Rassen –
wir nennen dich Vater
und wollen uns verhalten wie Geschwister:
Zueinander stehen, einander stark machen,
einander fragen und antworten und zum Wachsen helfen.
Doch sind wir wie zänkische Brut und zerstrittene Sippe:
Einer will mehr gelten als die andere,
will deine ungeteilte Aufmerksamkeit.
Uns quält die Frage: Wen liebst du am meisten?
Wen hast du erwählt?
Wer ist die Nummer eins?

Herr, erbarme dich.

Erwählung
Ein Gnadenzuspruch

Du aber, Israel, mein Knecht, Jakob, den ich erwählt habe, (...) fürchte
dich nicht, ich bin mit dir, weiche nicht, denn ich bin dein Gott. Ich stärke dich, ich helfe dir, ich halte dich durch die Hand meiner Gerechtigkeit. (Jesaja 41,8 a.10)

Verheißung
Ein Kollektengebet

Herr unser Gott –
du hast im Volk Israel deinen Sohn zur Welt kommen lassen,
uns und allen Menschen zu Erlösung.

Die Verheißungen, die du einst dem Volk Israel gegeben hast,
hast du durch ihn auch für uns in Kraft gesetzt.
Wir bitten dich, stärke unser Vertrauen in deine Zusagen,
auf die wir nun hören.

Text der Biblischen Lesung: Jeremia 31,31–34

Lied vor der Predigt: Preis, Lob und Dank sei Gott dem Herren (EG 245)

Predigt
zu Römer 11,25–33

Die Frage, unter der sich dieser Predigtabschnitt aus dem Römerbrief
entfalten lässt, lautet: Wer eigentlich ist das Volk Gottes?
Zur Zeit des Paulus wie auch heute war und ist die Antwort umstritten.
Ist es die Kirche? Die Gemeinschaft derer, die an Christus glauben und
in der Christus gegenwärtig ist?
So fasst es das Lied aus der Reformationszeit in Verse, das wir vor der
Predigt gesungen haben. Es stammt aus der Feder von Petrus Herbert,
der von 1530 bis 1571 gelebt hat und als Pfarrer und Reformator in Böh-
men und Mähren tätig war: Gott sammelt sich aus der Menschheit zu
seinen Ehren eine ewige Kirche – die sich auf Jesus Christus gründet
(Evangelisches Gesangbuch 245,1.3).
Liegt der mittelalterliche Gottesmann damit richtig?
Oder verhält es sich anders?
Ist das Volk Israel das wahre Gottesvolk, das Volk, dem Gott sich eng
und unwiderruflich verbunden hat? An den Bund, den Gott am Anfang
mit Israel geschlossen, den er immer wieder vertieft hat, und den er
einst völlig umgestalten und erneuern will – an diesen Bund erinnert
Paulus in unserem Predigttext in einem Zitat aus dem Buch des Prophe-
ten Jeremia im 31. Kapitel. Wir haben es eben ausführlich in der Lesung
gehört: Siehe, es kommt die Zeit, spricht der Herr, da will ich mit dem
Hause Israel einen Bund schließen. Ich will mein Gesetz in ihr Herz geben und in ihren Sinn schreiben. Ich will ihr Gott, und sie sollen mein
Volk sein. Danach will ich ihnen ihre Missetat vergeben und ihrer
Schuld nimmermehr gedenken.
Gelten diese alten Zusagen auch heute noch?

Gelten sie für das Volk Israel?

Oder hat Gott sich längst von diesem Volk abgewendet, weil es ungehorsam war, weil es über Generationen, über Jahrhunderte hin Gott die Liebe verweigert hat? Hat sich Gott nicht in der Zwischenzeit den übrigen Völkern zugewandt? Paulus nennt sie die Heiden – hat Gott mit denen nicht einen neuen Bund geschlossen, zu dem alle gehören können, die ihr Leben Christus übereignen? So jedenfalls steht es im Neuen Testament, was übersetzt heißt: Buch des neuen Bundes.

Aber Gott ist doch treu!

Können ihn einmal gegebene Verheißungen denn gereuen?

Kann ihn das Volk Israel, und sei es noch so ungehorsam, von seinem Versprechen abbringen? Können Menschen ihn überhaupt dazu bringen, wortbrüchig zu werden? Wäre Gott dann noch der Ewige, wenn er nicht auf ewig zu seinen Zusagen steht? Du, Israel, sollst mein Volk sein und ich dein Gott ...

Ist Israel also noch Gottes Volk?

Oder ist Gott sich selbst untreu geworden?

Das Ganze ist kein theologisches Glasperlenspiel.

An der Frage »Wer ist das Volk Gottes?« entscheidet sich, wohin Paulus, wohin wir selbst gehören. Ruft Gott uns tatsächlich durch die Botschaft von Jesus Christus zu sich? Gehören wir Christenmenschen zu Gott? Oder ist unser christlicher Glaube bei aller Gewissheit, die wir empfinden, doch nur ein großer Irrtum, ein Abweg der Religionsgeschichte, ein Weg an Gott vorbei?

Im Kopf, mit dem Verstand sind diese Fragen nicht zu bewältigen, meint Paulus. Ihm bleibt es ein Geheimnis.

Ein Geheimnis Gottes – zu kompliziert für menschliches Denken? Wohl eher umgekehrt: Zu einfach. Zu einfach für uns.

Unser scharfer Verstand ist vor allem darin geschult, zu unterscheiden, zu trennen, auseinander zu halten. Unser überscharfer Verstand kommt da nicht mit, meint Paulus. Bei Gott ist es Eines. Wir Menschen können es nicht zusammenbringen. Bei Gott ist es Eines. In unserem Denken fällt es auseinander.

Folglich unterscheidet Paulus denn auch zwei Arten der Logik. Er schreibt: Nach der Logik des Evangeliums sind sie Feind um euretwillen. Nach der Logik der Erwählung aber sind sie Geliebte um der Väter willen.

Die Logik, die Folgerichtigkeit des Evangeliums – damit spielt Paulus auf Worte an, die Jesus selbst einmal gesagt hat. Die Ich-bin-Worte des Johannesevangeliums zum Beispiel: Ich bin die Tür. Ich bin der Weg, die Wahrheit und das Leben. Nur durch mich führt der Weg zum Vater. Wer an den Sohn nicht glaubt, der wird das Leben nicht sehen und der Zorn Gottes bleibt über ihm.

Nur wer an Jesus Christus glaubt, kann vor Gott bestehen. Alle anderen Wege sind nichtig und führen nicht zu Gott hin, sondern von ihm weg. Auch der Versuch des Judentums, Gott nahe zu bleiben, indem man strikt und in allen Stücken die Gebote Gottes erfüllt, fällt unter dieses Verdikt. »Es ist kein Weg, denn nur der Glaube an Jesus Christus, unsern Herrn. Wer den nicht geht, muss draußen bleiben ...« (Evangelisches Gesangbuch 245,4), so das Evangelium – oder vielmehr das, was wir mit unserer Logik dem Evangelium entnehmen. »Nach der Logik, der Folgerichtigkeit des Evangeliums sind sie getrennt, sind sie Feinde um unseretwillen«, schreibt Paulus.

Diese Logik ist schon früh zum Ausgangspunkt für eine reale Feindschaft zwischen Juden und Christen geworden. Feindschaft, die sich mit zunehmender Ausbreitung und Macht des Christentums in Unterdrückung, Verfolgung und Pogromen äußerte – und schließlich in dem Versuch, das gesamte jüdische Volk auszulöschen.

Auf der Linie des Geheimnisses Gottes liegt das nicht. Will man dem entsprechen, muss man auch die Kehrseite der Medaille anschauen, muss man auch den zweiten Teil des Satzes, den Paulus hier an die Römer richtet, berücksichtigen:

Nach der Logik der Erwählung Gottes sind und bleiben sie aber Geliebte um der Väter willen.

Gott steht also zu seinem Bund. Auch wenn wir ihn den »Alten Bund« nennen: Er ist nach wie vor aktuell. Gott liebt das Volk Israel um der Väter willen. Paulus erinnert damit an Abraham, Isaak und Jakob, denen Gott einen Eid geschworen hatte, denen er verheißen hatte: Und ich will aufrichten einen Bund zwischen mir und dir und deinen Nachkommen, und das soll ein ewiger Bund sein, auf dass ich dein Gott und der Gott deiner Nachkommen bin von Generation zu Generation (1. Mose 17,7) Diese Verheißungen bleiben in Kraft.

Die Liebe Gottes zu seinem Volk bleibt bestehen. Nach der Logik des Evangeliums sind sie zwar Feinde um unseretwillen, nach der Logik der

Erwählung und Treue Gottes sind und bleiben sie Geliebte um der Väter willen.

Also doch: Zweierlei Logik bei Gott?

Nein, wie gesagt: Zweierlei Logik der Menschen. Aber eines, ein Geheimnis bei Gott. Ein Ursprung, ein Wille, ein Ziel bei Gott.

Das Ziel: »Auf dass er sich aller erbarme.«

»Auf dass er sich aller erbarme.«

Diesen Satz wollen wir nachklingen lassen.

Auf dass er sich aller erbarme.

Von diesem Ziel her erhalten wir auch auf die Frage »Wer gehört zum Volk Gottes?« eine neue Antwort. Sie lautet: Die Menschen alle.

Gott teilt die Menschen nicht ein, wie wir das tun. Er trennt nicht in Juden, Heiden und Christen. Vor ihm sind alle Menschen gleich. Alle verfehlen sie seinen Willen. Alle übertreten sie sein Gebot. Alle bleiben sie ihm die Liebe schuldig. Alle bleiben sie auch hinter sich selbst zurück, hinter den eigenen menschlichen Möglichkeiten. Alle werden sie schuldig – so oder so. Paulus schreibt: Gott hat sie alle unter dem Ungehorsam verschlossen.

Doch wiederum diesen allen – allen Menschen wendet sich Gott zu.

Er überlässt seine Geschöpfe nicht sich selbst.

Wo die Menschen ihm nicht nahe zu kommen vermögen, kommt er ihnen nah.

Wo sie ihm die Liebe schuldig bleiben, liebt er sie umso mehr.

Keiner fällt heraus aus dieser Liebe Gottes.

Aller will er sich erbarmen.

Auch dieser Gedanke entspricht nicht unbedingt der Logik, mit der die Kirche Jahrhunderte lang das Evangelium auslegte: Vor Gott könne nur der bestehen, der zu Jesus Christus gehöre.

Doch entspricht er dem Geheimnis Gottes, wie Paulus es erkennt: Dem Geheimnis der Barmherzigkeit. Dieses Geheimnis – und nicht unsere Logik ist es, das uns letztlich am Leben erhält, umfängt und trägt.

Wie oft bleiben wir selbst Gott die Treue, den Gehorsam, schuldig?

Wie oft bleiben wir es ihm schuldig, uns nicht nur mit Worten, sondern mit Taten zu ihm zu bekennen? Wie oft verstricken wir uns in Zweifel, Trauer, Rachegedanken und Hoffnungslosigkeit? Nach unserer Logik: Herausgefallen aus dem Bund mit Gott. Ausweglos verschlossen. Eingesperrt in uns selbst. Feinde, fern von Gott, fern von Jesus.

Wenn uns auf den Tiefpunkten unseres Daseins diese Angst beschleicht, ist es wichtig, dass wir oder andere uns daran erinnern: Er will sich aller erbarmen.

Dieser Vers wirft ein Licht auf die geheimnisvollen Seiten Gottes, die uns unverständlich, verschlossen bleiben. Und deshalb bringt er auch Licht in die dunklen Stellen unseres Lebens. In allem, was für sich allein genommen schwer, unlogisch, sinnlos und unerträglich ist, in dem allen ist Gott am Werk, ruft er uns zu sich mit dem einen Ziel:

Auf dass er sich aller erbarme.

Dieses einfache Ziel, dieses unlogische Geheimnis Gottes möge unser Leben bestimmen – und nicht unsere komplizierte Logik. Dann wird uns auch der Lobpreis, mit dem Paulus seinen Gedankengang abschließt, leicht über die Lippen kommen: O welche Tiefe des Reichtums und der Weisheit und der Erkenntnis bei Gott ...

Erwählung
Ein Fürbittgebet

Lasst uns beten für alle, die erwählt sind, in Gottes Nähe zu leben,
dass sie dem Atem des Ewigen standhalten.
Lasst uns beten für die, die erwählt sind, Großes zu vollbrigen,
dass sie der Versuchung widerstehen, ihre Grenzen zu überschreiten.
Lasst uns beten für die, die sich erwählt fühlen, ohne es zu sein,
dass sie auf den Boden der Wahrheit zurückfinden.
Lasst uns beten für die, die Gott zum Leiden erwählt hat,
dass sie standhaft bleiben in der Anfechtung und damit Zeugnis ablegen.
Lasst uns beten für die, die Gott erwählt hat, durch ihren Mund zu sprechen,
dass sie den Widerspruch aushalten, den die Schärfe seines Wortes weckt.
Lasst uns beten für die, die erwählt sind, in aller Alltäglichkeit ihre Arbeit zu tun,
dass sie zufrieden bleiben und im Normalen die Fülle des Lebens finden.
Lasst uns beten für den Staat Israel, die dort wohnen und ihre Nachbarn,
dass sie auf den Weg der Gerechtigkeit und des Friedens zurückfinden.

Meditation nach Jes 65,1 und Psalm 10,9–12

Klaus von Mering

Ich ließ mich suchen von denen, die nicht nach mir fragten, spricht Gott.
Ich ließ mich finden von denen, die mich nicht suchten. (Jes 65,1)

Was für ein Anspruch: Gott, dich zu suchen!
Man kann dich doch nicht verlegen wie einen Schlüsselbund
oder fallen lassen wie eine Münze, die unter den Schrank rollt.
Und doch: Was suche ich anderes als dich,
wenn mich unversehens die Frage überfällt: Wofür lebst du eigentlich?
Oder wenn der Verlust eines Menschen mir plötzlich meine Selbstver-
ständlichkeiten zerschlägt?
Und was kann ich anderes tun, als dich zu suchen?
Denn du kannst ja nie Besitz sein meiner frommen Gefühle
und bist nie beweisbar in den Maßstäben logischer Vernunft.
Verkleide dein Wort in die Fragen, Gott, denen ich nicht zu entkommen
vermag,
und lege dich mir in den Weg, wenn mich meine Füße in die Irre führen
wollen!
Wir leben ja nicht von der Unbeirrbarkeit unseres Glaubens,
sondern von deiner Zuverlässigkeit;
und auch wer längst aufgegeben hat, von dir zu sprechen,
begegnet dir immer wieder neu unter fremden Namen.

Ich ließ mich suchen von denen, die nicht nach mir fragten, spricht Gott.
Ich ließ mich finden von denen, die mich nicht suchten. (Jes 65,1)

(nach Ps 40,9–12)

Psalm 27

Gestaltet für einen Gottesdienst mit Kindern des Kindergartens und des Kindergottesdienstes.

Volker Johannes Fey

Im Wechsel mit dem Kehrvers, den Kinder und die Gemeinde gemeinsam sprechen:

»Der Schöpfer ist mein Licht und mein Heil;/
ich brauch mich nicht zu fürchten,/
denn er ist ja bei mir.«

Im Unglück ist mir Gott ganz nah.
Und wenn mir Menschen Böses tun,
ist er an meiner Seite
und gibt mir Kraft und Mut.

»Der Schöpfer ist mein Licht und mein Heil;/
ich brauch mich nicht zu fürchten,/
denn er ist ja bei mir.«

Wenn ich nicht weiß, was werden soll
und keiner mir mehr helfen kann,
zeigt Gott mir, was ich tun soll.
Er steht mir immer bei.

»Der Schöpfer ist mein Licht und mein Heil;/
ich brauch mich nicht zu fürchten,/
denn er ist ja bei mir.«

Im Leid und in der Traurigkeit
hört Gott mein Weinen, mein Gebet.
Er hilft mir durchzuhalten.
Er lässt mich nicht allein.

»Der Schöpfer ist mein Licht und mein Heil;/
ich brauch mich nicht zu fürchten,/
denn er ist ja bei mir.«

(Vgl.: J. Koever/G. Mohr/A. Weidle (Hrsg.), Sagt Gott, wie wunderbar er ist. Alte und neue Psalmen zum Sprechen bringen, Verlag Junge Gemeinde, Stuttgart ²1995, Seite 29)

Nach Psalm 47

Bernhard v. Issendorff

Schnippt, klatscht, stampft den Rhythmus,
den Rhythmus der Freude über Gott.
Wiegt euch, tanzt den Reigen des Frohsinns.

Denn heilig ist allein Gott.
Ihm ist alles zugeordnet:
die Macht und die Ohnmacht,
die Höhe und die Tiefe,
auch der Tod und das Leben.

Dem Machtstreben setzt er Grenzen
und weist die Machthaber in ihre Schranken.

Er hat das Schwache geadelt
und das Kleine erhoben.
Israel ausgewählt unter den Völkern
und die Christen unter den Gläubigen.

Es ist ein Fest, unsern Gott zu feiern
mit allen Formen der Musik,
den Gattungen der Literatur,
den Werken der bildenden Kunst.

Es gibt keinen Ort, der ihm unbekannt,
keinen Augenblick, den er nicht bestimmt:
geboren werden und aufwachsen,
sich entfalten und andere entdecken,
Krisen erleben und Krankheiten durchstehen,
reifen und loslassen im Alter:
Seine Gaben für uns täglich das Leben lang.

Meditation 11. September nach Psalm 102

Klaus von Mering

»Wir kennen den, der gesagt hat: Die Rache ist mein, ich will vergelten. Und wiederum: Der Herr wird sein Volk richten. Schrecklich ist's, in die Hände des lebendigen Gottes zu fallen.« (Hebr 10,30 f.)

Kennen wir den wirklich? Haben wir dich nicht längst aus den Augen verloren, Gott,
und durch den guten Opa ersetzt, der uns streichelt, wenn wir uns für ihn Zeit nehmen und nett zu ihm sind?
Hatten wir uns nicht längst eingerichtet in der Sicherheit unserer erdbebensicheren Wolkenkratzer
und in der Verlässlichkeit unserer weltumspannenden Flugpläne?
Herr, höre mein Gebet, und lass mein Schreien zu dir kommen!
Mit dem World Trade Center in New York ist doch auch das bequeme Ritual meines abendlichen Gute-Nacht-Gebets eingestürzt.
Und das Netzwerk des Terrors legt sich bleischwer über meine atemlosen Klagelieder.
Wie kann ich der Logik meiner Gedankengänge noch trauen,
wenn es möglich ist, Menschen um den halben Erdball aus der Harmlosigkeit ihrer Alltagsroutine zu wecken und im Handumdrehen zu ferngelenkten Tötungsmaschinen auszurichten?
Vor welchem Horizont kann ich noch am Frieden bauen,
wenn die Skyline der Supermacht einknickt wie das Ständerwerk eines morschen Schuppens?
Gott, du hast vor Zeiten die Erde gegründet,
und die Himmel sind deiner Hände Werk.
Lass uns nicht versinken im saugenden Schlamm unserer Ängste,
und brich uns den Arm, der nur noch zum Zurückschlagen ausholen kann.
Ja, es ist schrecklich, in die Hände des lebendigen Gottes zu fallen;
denn da wird aller falsche Schein schonungslos aufgebrochen.
Aber nur durch diesen Schrecken und durch solche Scherben hindurch finden wir zu der Geborgenheit, die das eigentliche Werk dieser erbarmenden Hände sind.
Dann können wir aufatmend bekennen:

Wir kennen den, der gesagt hat: Die Rache ist mein, ich will vergelten. Und wiederum: Der Herr wird sein Volk richten. Sein Gericht ist unsere Gerechtigkeit.

Meditation zu Psalm 112

Klaus von Mering

Wer sich auf Gottes Barmherzigkeit einlässt, der ist gut dran, dem werden die Hände gefüllt mit Liebe, bis sie überlaufen.

Manchmal, wenn der Hilferuf der Geschundenen mir das Ohr taub macht
und ich über dem Wimmern hungernder Kinder die leeren Hände balle,
dann erscheint mir meine Gabe wie der Tropfen, der auf heißem Stein verfliegt
und die Summe aller gut gemeinten Bemühungen wie der Protest der Grille
neben der Startbahn gegen das Heulen der Düsentriebwerke.
Aber dann begegne ich unversehens deiner Güte, Gott,
und der Fülle deines Erbarmens, die mich hält.
Ich entdecke, wie reich mich deine Liebe gemacht hat
und wie viel ich abgeben kann, ohne zu verarmen.
Aus den heißen Steinen des Zweifels baut meine Hoffnung Brunnen,
und der Gesang der Grille überlebt den Lärm der Motoren.
Mein Ohr vernimmt den geflüsterten Dank der Beschenkten,
und meine Arme sind schwer vom Brot, das sie austeilen.

Wer sich auf Gottes Barmherzigkeit einlässt, der ist gut dran, dem werden die Hände gefüllt mit Liebe, bis sie überlaufen.

Die Erde ist ein Garten Eden
Ein Lied zu 1. Mose 1; Mel.: »O dass ich tausend Zungen hätte«

Ulrich Tietze

1. Die Erde ist ein Garten Eden, / das zu erkennen ist nicht schwer. / Gott kann durch seine Schöpfung reden: / durch Fels und Wälder, Sand und Meer. / So vieles auf der Welt ist klein / und kann doch Weg zum Schöpfer sein.
2. Die Erde ist kein Garten Eden: / Es hat der Mensch durch Größenwahn / im Lauf der Zeit ihr viele Schäden / unwiderruflich angetan. / Durch unsre Jagd nach Macht und Geld / zerstörn wir vieles auf der Welt.
3. Die Erde ist ein Garten Eden: / ein Buch, an dem Gott täglich schreibt, damit für jede und für jeden / die gute Zukunft möglich bleibt. / Wir gehn mit seiner Liebe Hauch / durchs Heute und ins Morgen auch.
4. Die Erde ist kein Garten Eden: / Gott sendet neben Glück auch Leid, / und er zerschneidet Lebensfäden / so manches Mal auch vor der Zeit. / Doch auch der Gott, der sich verbirgt, / ist es, der auf der Erde wirkt.
5. Die Erde bleibt ein Garten Eden / für jeden, der zu danken lernt, / dabei im eignen Tun und Reden / sich vom Vertrauen nicht entfernt, / dass Gott in Dunkelheit und Licht / in dieser Welt tagtäglich spricht.

Gott, manchmal trittst du uns entgegen
Ein Lied zu 1. Mose 32,23–32; Mel.: »O dass ich tausend Zungen hätte«

Ulrich Tietze

1. Gott, manchmal trittst du uns entgegen / in schwer begreiflicher Gestalt: / in Krankheit und in Schicksalsschlägen, / nimmst uns fast allen Lebenshalt. / Verloren scheint uns jedes Ziel, / denn du verlangst von uns zu viel.
2. Gott, manchmal trittst du uns entgegen; / dann ringen wir mit deiner Macht / und fragen doch nach deinem Segen / wie damals Jakob in der Nacht. / Wir leiden unter deinem Schlag / und hoffen doch auf Licht und Tag.
3. Gott, manchmal trittst du uns entgegen / und änderst unsern Lebenslauf. / Dann stehen wir vor schweren Wegen, / und in uns bricht die Frage auf, / wo deine große Liebe bleibt, / wenn uns das Schicksal fast zerreibt.
4. Und doch gilt auch an diesen Tagen / dein Wort: »Ihr sollt gesegnet sein.« / So dürfen wir Vertrauen wagen / nicht immer hüllt die Nacht uns ein. / Und wenn uns noch so viel zerbricht: / am Ende stehen Tag und Licht.

Predigten

Kain und Abel. Der beispielhafte Mord

Text: 1. Mose 4,1–16

Hellmut Mönnich

Vor noch nicht langer Zeit schrieb Dan Pagis einen kurzen, ungewöhnlichen Text über Kain. Die Überschrift: IM VERSIEGELTEN WAGEN MIT BLEISTIFT GESCHRIEBEN.

Dann der Text [1]:
HIER IN DIESEM TRANSPORT
BIN ICH EVA
MIT MEINEM SOHN ABEL.
WENN IHR MEINEN ÄLTESTEN SOHN SEHT
KAIN, DEN SOHN DES ADAM
SAGT IHM DASS ICH

Hier bricht der Text ab. Plötzlich. Unerwartet. Was soll Kain gesagt werden? Kain – ist das der Kain aus der Geschichte vom Anfang der Bibel? »Im versiegelten Wagen«; »in diesem Transport«? Kain, »Sohn des Adam«. Heißt Adam auf Hebräisch nicht »Mensch«? Ist Kain irgendein Mensch, jedermann, jedefrau? Einer von uns, vor wenigen Jahrzehnten?

Die alte Geschichte der Bibel beginnt mit Adam und mit Eva, die zwei Söhne hatten: Kain, den Erstgeborenen, der Ackerbauer wird. Und Abel, den Jüngeren, der Schafhirt wird. Der Beginn des Dramas wird so skizziert: »Nun begab es sich nach geraumer Zeit, dass Kain Früchte des Ackers Gott zum Opfer brachte; und auch Abel brachte Erstgeburten seiner Herde dar und das Fett davon. Gott aber schaute gnädig auf Abel und sein Opfer, aber auf Kain und sein Opfer schaute er nicht. Da ergrimmte Kain gewaltig und ließ sein Antlitz hängen«.

Mit wenigen Worten ist der Anlass des dann folgenden Geschehens skizziert. Von wem? Seinen Namen kennen wir nicht. Sicher war er nicht so etwas wie ein Reporter, der nach sorgfältigem Recherchieren möglichst

---

1. Dan Pagis, Im versiegelten Wagen mit Bleistift geschrieben, aus: Dieter Lamping, Hrsg., Dein aschenes Haar Sulamith, Piper Verlag, München.

genau berichtet. Nein! Eher war der erste Erzähler ein Glaubensdichter, der Grundlegendes über Mensch und Gott in Worte fassen, in Szene setzen wollte. So viel fällt jetzt schon auf: kein Wort, warum Gott so entscheidet, wie erzählt. Sollen wir Hörer oder auch Leser der Geschichte lernen, dass Gott mit unseren Maßstäben von »gerecht«, von »fair play« nicht begriffen werden kann? Oder wird einfach festgehalten, wie es im Leben oft genug zugeht: ungerecht, schreiend ungerecht manchmal. Der eine ist und bleibt gesund; die andere wird aus heiterem Himmel krank, hoffnungslos, muss sterben. Die eine erbt und kann auf der Sonnenseite leben; der andere kommt trotz aller Arbeit und allem Mühen nicht auf einen grünen Zweig. Wem fielen nicht Beispiele ein? Ist das Schicksal? Zufall? Wie vieles im Leben bleibt unerklärbar!

Im zweiten Akt des alten Bibelstückes steht nun auch Gott auf der Bühne des Geschehens. Jetzt spricht er Kain an: »Warum ergrimmst du so und lässt dein Angesicht hängen? Ist's nicht also? Wenn du Gutes vorhast, kannst du den Blick frei erheben; wenn du aber nichts Gutes vorhast, lauert die Sünde vor der Tür, und nach dir hat sie Verlangen; du aber herrsche über sie.«

Vielleicht sollten wir jetzt in der Bibel zurückblättern. Zur Geschichte von Adam und Eva und der Schlange im Paradiesgarten. In diesem grundlegenden Stück vom Menschen wird »der Mensch«, der Mensch exemplarisch charakterisiert. Der ergreift sich Autonomie, Autonomie gegen Gott. Will Erkenntnis gewinnen darüber, was gut ist und was schlecht, und ist nun verdammt, selbst zu entscheiden. Und kann nicht einmal ehrlich sein und zu seinem Fehler stehen. Ist es nicht so, dass wir in Umstände geraten können, die unsere Beherrschung verlangen? Und sind vielleicht der Situation nicht gewachsen, auch weil unsere Maßstäbe falsch sind? In der manchem altertümlich klingenden Sprache unseres Kain-Abel-Stückes: »Wenn du aber nichts Gutes vorhast, lauert die Sünde vor der Tür, ... du aber herrsche über sie«.

Man ahnt es schon: Im dritten Akt des Kain-Abel-Dramas ermordet die Person im Rampenlicht, Kain, den Bruder Abel. Die Warnung hat's nicht verhindert. Hassgewalt schlägt zu, wie blind und ohne Verstand. An die Folgen wird auch nicht im Geringsten gedacht.

Sind wir Adamskinder, wir Menschen, so wie Kain? Steckt in uns, in jedem und jeder, ein Mörder? Ist es das, was wir als Wichtigstes in diesem beispielhaften Mord lernen sollen?

Wie in einem vierten Akt sehen wir weiter Kain und Gott auf der Bühne. »Wo ist dein Bruder Abel?« Dreist und frech antwortet Kain – und erinnert uns an die Antworten Adams und Evas in der Geschichte zuvor – mit einem höhnischen Witz: »Soll ich Hirte meines Bruders sein?« Vielleicht fragen wir uns jetzt, ob der Charakter der Hauptfigur unseres Lernstückes überhaupt noch schärfer herausgearbeitet werden kann. Beobachter in Mordprozessen wissen, was Angeklagte alles vorzubringen in der Lage sind. Eine alte jüdische Auslegung unseres Stückes vom Menschen fantasiert die Szene aus: »Ich habe noch nie einen Getöteten gesehen und konnte nicht wissen, dass ich ihn töte, wenn ich ihn mit einem Stein schlage ... Und Kain fragte: Habe wirklich ich ihn getötet, bist du es doch, der den bösen Trieb in mir erschaffen hat. Du wachst über alles, nur mir hast du erlaubt, ihn zu töten. Du hast ihn getötet, denn hättest du meine Gabe wie die seine angenommen, hätte ich es ihm nicht geneidet.«

Gott antwortet Kain ohne Umschweife: »Was hast du da getan?« und bestraft Kain. Da wird Kain weinerlich: »Meine Strafe ist zu schwer, als dass ich sie ertragen könnte«. Und dann: »So wird mir's gehen, dass mich totschlägt, wer mich findet.« Ja, wenns um's eigene Leben geht, sieht alles anders aus. Gott – so wird nun im Schlussakt zu Ende erzählt – sorgt daraufhin dafür, »dass ihn niemand erschlüge, der ihn fände«. So geht die Geschichte zu Ende.

Was nehmen wir nach dem Ende der Geschichte mit nach Hause? Kain, Abel: Erkennen wir uns in einem der beiden wieder? Haben wir Züge von beiden, vom Täter und vom Opfer? Kommt es nur auf die Umstände an, wer wir sind, wie wir handeln oder erleiden?

Lesen wir die folgenden Geschichten am Anfang der Bibel, dann mag uns auffallen, dass die Gewalt immer mehr zunimmt, bis Gott versucht, die in seine Welt eingedrungene Gewalt mit Gewalt durch eine gewaltige Flut zu ersäufen. Und Gott erkennt, dass das nicht möglich ist. Die Begründung für die Vernichtungsflut vor ihrem Beginn und die Begründung nach der Flut für die Aussage, nicht noch einmal alles zu ersäufen, sind identisch: Die Erde ist erfüllt von ihrer Gewalt. Der Lehrer des Alten Testaments Rolf Rendtorff bemerkt dazu: »Gewalt ist nicht durch Gewalt zu überwinden, das ist einer der großen Lernvorgänge, von dem die Bibel berichtet.«

Allerdings bleiben die Verfasser der Bibel bei dieser Einsicht nicht stehen. Gott zeigt die Alternative auf: den Schutz des Lebens durch das

Recht. Nicht zufällig steht in der Mitte der 10-Gebote-Reihe das Verbot zu töten, das Verbot, Menschen gewaltsam zu töten.

Das Bedenken auf uns selbst hin des Kain-Abel-Stückes mit dem entsetzlich beispielhaften Mord führt vielleicht dazu, dass wir erschrecken können vor unserer Abgründigkeit. Auch unserer Rätselhaftigkeit. Sind wir so? Muss man erinnern an die Shoa, an das furchtbare Morden und die Gewalt im eben vergangenen Jahrhundert? »... WENN IHR MEINEN ÄLTESTEN SOHN SEHT, KAIN, DEN SOHN ADAMS, SAGT IHM, DASS ICH« – Was sollen wir hören?

Melchisedek begegnet Abram

Pfingstliche Sprechszenen zu 1. Mose 14,18–20

Hans Hermann Blettgen

Vorbemerkungen

Die Texte der Sprechszenen sind während eines Workshop-Wochenendes mit StudentInnen der Folkwangschule/Essen erarbeitet worden. Sie waren Teil eines »anders gestalteten« Pfingstgottesdienstes.

Die Gruppe entschied sich für die monologische Darbietung der Sprechstücke. – Denkbar ist auch eine dialogische Gestaltung. So könnte z. B. die Motivation des Melchisedek, die schützenden Mauern Salems zu verlassen, durch ein Streitgespräch mit seinen Ratgebern herausgestellt werden.

Zwei Schauspielschülerinnen sprachen die Texte (4+6). Die Einleitung (2) wurde vom Verfasser gesprochen.

Die Zweiteilung des Sprechspiels ist frei gewählt. Die Vorbereitungsgruppe vertrat die Ansicht, dass die erste Szene (4), die Verdeutlichung der Motivation Melchisedeks, für das Verstehen der zweiten Szene (6) unerlässlich sei.

Kostüme und Kulissen waren nicht vorgesehen. Lediglich ein Laib Brot und ein Krug Wein unterstrichen die sparsam eingesetzte Gestik der Akteurinnen.

Die Musikstücke (1+3+5+7; alle Saxophon und Orgel) wurden frei improvisiert.

Musik

Einleitung

Der ungarische Soziologe und Essayist Gyorgy Konrad sagte anlässlich der Entgegennahme des Karlspreises 2001 der Stadt Aachen: »Der Feind des Zusammenwachsens in einem befriedeten Europa ist nicht der Fremde, sondern die Begrenztheit unseres eigenen Verstandes und Gefühls.«

Es gibt gleich am Anfang der hebräischen Bibel eine »Pfingstgeschichte« vor Pfingsten, wie sie pfingstlicher nicht sein kann. Ich spreche die biblische Erzählung von der Begegnung zwischen Melchisedek und Abram an. Wir haben es hier mit einer Geschichte zu tun, die zeigt, wie Melchisedek und Abram ihren Verstand und ihre Gefühle entgrenzen. Eine beispielhafte Geschichte für die Anerkennung der Andersheit des anderen durch bewusste Zuwendung über soziale, politische und religiöse Grenzen hinweg. Eine Geschichte, die uns an der Geburt pfingstlichen Geistes teilnehmen lässt.

Es folgten noch einige Sätze über die Erarbeitung der Sprechszenen und der musikalischen Beiträge.

Musik

Melchisedek spricht mit Gott

»Gott / grenzenlos großzügig wie kein anderer / du lockst mich heraus aus der scheinbaren Sicherheit von nur Gewohntem

Ich denke Mauern – Du weist mich an Tore / Ich denke Raum – Du weist mir Wege / Ich denke Haus und Bleibe – Du weist mich an deine Treue / das Einzige / was bleibt

Ich werde dir mit meinen Füßen vertrauen und gehen / wie Abram dir vertraute und ging.

An dem fremden Aramäer erkenne ich / dass dein Friede grenzenlos ist / und deine Gerechtigkeit weiter reicht als das / was ich denke / und tue / Ich beginne zu ahnen / wie groß und weit deine Welt ist / wie farbig und reich Leben / das du schenkst«

Die Akteurin ergreift den Laib Brot und den Krug mit Wein.
»Ich werde gehen und Brot und Wein zu Abram hinaustragen / Wir werden essend und trinkend das Leben feiern / und wir werden dich feiern / den Schöpfer allen Lebens / Und nach jedem Bissen Brot / und nach jedem Schluck Wein / wird die Fremdheit in unseren Herzen / mehr und mehr / geschwisterlicher Nähe weichen«

Musik

Melchisedek begegnet Abram
Ich habe ein Bild vor Augen
Ich sehe Melchisedek mit einem Laib Brot und einen Krug Wein in Händen Salem verlassen / Ich sehe ihn auf Abram zugehen / Abram geht Melchisedek entgegen / Beide Männer verlangsamen ihre Schritte / und bleiben wenige Meter voreinander stehen / Sie schauen sich verhalten lächelnd an / Melchisedek macht eine einladende Handbewegung / Abram kommt näher / und setzt sich mit Melchisedek an den Straßenrand
Ich höre Melchisedek sagen:
»Das / was mich zu dir hinausgehen ließ / das / was dich und mich verbindet / hinweg über unsere verschiedene Herkunft / über unsere verschiedene Sprache / über unsere verschiedenen sozialen Stellungen / hinweg über unsere verschiedenen Religionen / was uns verbindet / ist der eine Gott
Ich habe erkannt / dass dein Gott mein Gott / und mein Gott dein Gott ist
Gott / der Schöpfer allen Lebens / hat dich geschaffen / und er hat mich geschaffen / Ihm verdanken wir das / was wir sind / Du bist von ihm geliebt / und ich bin von ihm geliebt / Du liebst Gott / und ich liebe Gott / Du bist wie ich / und ich bin wie du / Durch Gott sind wir geschwisterlich verbunden
Ich komme zu dir / um das Leben / das Gott uns schenkt / zu feiern«
Die Akteurin bricht während der folgenden Worte ein Stück vom Brot und hält den Brocken Brot den Gottesdienstbesuchern entgegen; sie wiederholt diese Geste mit dem Krug.
»Nimm dieses Stück Brot und iss mit mir / Trink mit mir aus diesem Krug / Ich möchte / dass wir uns stärken / leben«
Die Akteurin legt bzw. stellt das Brot und den Weinkrug zur Seite.

Ich sehe die beiden Männer gemeinsam essen und trinken
Ich höre Melchisedek sagen:
»Erzähl mir von deinem Glauben / Ich werde dir von meinem Glauben erzählen«
Ich sehe Melchisedek und Abram sich aus dem Straßenstaub erheben / Der Priesterkönig legt seine Hände auf den Kopf Abrams und segnet ihn / Ich sehe wie sich Abram und Melchisedek in die Arme fallen

Musik

Drei Versuche über Abraham

Text: 1. Mose 22,1–12

Bernd Giehl

Es gibt Geschichten, die bringen einen fast an den Rand des Verstummens. Geschichten gibt es, die kann man fast nur noch erleiden. Man muss sich ihnen nicht aussetzen – denen, die erzählt werden, jedenfalls nicht – und wenn man es doch tut, muss man wissen, worauf man sich einlässt und wie man mit ihnen umgehen will. Die Geschichte von der Opferung Isaaks gehört für mich dazu. Kaum eine Erzählung in der Bibel, die so viel an Gefühlen aufwühlt wie diese. Kaum eine, die so viele Rätsel aufgibt. Was ist das für ein Gott, der einen Menschen, den er doch angeblich liebt, derart auf die Probe stellt? Ja, selbst dies, selbst der erste Satz dieser Erzählung: »Nach diesen Geschichten versuchte Gott Abraham« ist schon eine theologische Interpretation, denn wie soll Abraham wissen, dass Gott es so ernst denn doch nicht gemeint hat, mit dem Befehl, seinen einzigen Sohn zu opfern?
Das alles ist schon schlimm genug. Auch wenn man die Vorgeschichte nicht kennt, hat diese Geschichte schon eine große Härte. Was aber, wenn man sich in Erinnerung ruft, wer diese beiden sind: Abraham und sein Gott? Abraham, das war doch der Mann, der von Gott aus seiner Heimat herausgerufen wurde und auf den Befehl Gottes hin auch tat-

sächlich alles stehen und liegen ließ. Abraham und Sara, das war doch dieses alte, kinderlos gebliebene Ehepaar, dem Gott in seinem Alter noch einen Sohn versprochen hatte. Ja mehr noch, dem er Segen in Form einer unzählbaren Nachkommenschaft verheißen hatte. So zahlreich wie die Sterne am Himmel sollten Abrahams und Saras Nachkommen sein. Was für ein Vertrauen darauf, dass das Unmögliche wahr werden kann, muss man aufbringen, wenn man tatsächlich daran glauben will. Aber wie auch immer: Am Ende geschieht das Wunder. Am Ende bekommen sie tatsächlich noch den Sohn, den sie sich so lange gewünscht haben: Isaak. Gott hatte sich als zuverlässiger Freund erwiesen.

Und dann dies: »Nimm Isaak, deinen einzigen Sohn, den du lieb hast, und gehe hin in das Land Morija und opfere ihn daselbst zum Brandopfer auf einem Berge, den ich dir sagen werde.« Stürzt da der Himmel auf die Erde? Was empfindet Abraham überhaupt bei diesem Satz? Bricht da eine Freundschaft zusammen, die ihm alles bedeutet hat? Fast unmöglich, sich in diesen Abraham hineinzuversetzen. Was hat er gespürt in diesem Augenblick? Warum schweigt er? Und vor allem: Warum macht er sich auf den Weg, ohne ein Wort zu sagen? Warum verweigert er nicht einfach den Gehorsam?

Wie schon gesagt: Wenige Geschichten in der Bibel sind so abgründig und so rätselhaft wie diese. Wenige verlangen so sehr nach Deutung. Ob es die eine, die alles erklärende Deutung wohl gibt? Ich weiß es nicht. Zunächst einmal möchte ich verschiedene Möglichkeiten ausprobieren.

Erster Versuch: Opfer sind notwendig

Die Geschichten der Bibel haben oft eine lange Vorgeschichte. Viele von ihnen wurden über Jahrhunderte hin mündlich erzählt, bis irgendjemand sie dann in eine schriftliche Form gegossen hat. Und was mündlich erzählt wird – das wissen Sie selbst gut genug –, wird auch immer wieder verändert. Manches wird hinzugefügt, anderes weggelassen.

Bei der Geschichte von der Opferung Isaaks jedenfalls vermuten die Forscher, dass sie eine Vorstufe gehabt hat. In der Umgebung Israels gab es einen Gott – Moloch –, dem mussten die erstgeborenen Söhne zum Opfer gebracht werden. Die Bücher der Könige berichten davon, dass es Könige in Israel gab, die diesem Gott opferten, der Prophet Jeremia klagt noch im 6. Jahrhundert vor Christus über Menschenopfer. So gesehen wäre Abraham also gar nichts Besonderes, sondern nur einer in einer langen Reihe, der um des vermeintlichen Sachzwangs willen seinen Sohn dem Gott zum Opfer bringt.

Leonard Cohen, der kanadische Sänger, hat vor Jahren einmal ein Lied über diese Geschichte gemacht. Das Lied ist aus der Perspektive des neunjährigen Isaak geschrieben. Eines Morgens, so beschreibt er die Szene, kam der Vater herein:

»Die Tür öffnete sich langsam und mein Vater kam herein / er stand so groß über mir / blaue Augen wie aus Silber / und seine Stimme war sehr kalt // er sagte, er habe eine Vision gehabt / und du weißt, ich bin stark und heilig / ich muss das tun, was mir aufgetragen wurde. // So begannen wir, den Berg hinaufzuklettern / ich musste rennen, er ging gemächlich / und seine Axt war aus Gold gemacht // Als die Bäume kleiner wurden, machten wir Rast, um Wein zu trinken / dann warf er die Flasche weg / sie zerschellte eine Minute später / und er legte seine Hand auf meine // ich glaubte, einen Adler zu sehen, aber es kann auch ein Geier gewesen sein / ich habe es nie herausgefunden // als mein Vater mit dem Bau des Altars begann / sah er nur einmal über die Schulter / er wusste, ich würde mich nicht verstecken. //
Du, der du jetzt Altäre baust / um diese Kinder zu opfern / du musst es nicht mehr tun / ein schlimmer Plan ist keine Vision / und niemals bist du versucht worden / von einem Dämon oder einem Gott // ...
Und wenn du mich jetzt Bruder nennst / vergib mir / wenn ich nachfrage / nach wessen Plan du handelst // wenn alles in Trümmer geht / werde ich dich töten / wenn ich es muss / werde ich dir helfen, wenn ich kann // wenn alles in Trümmer geht / werde ich dir helfen / wenn ich muss / werde ich dich töten, wenn ich es kann // Gnade unserer Uniform / Mann des Friedens und Mann des Krieges / der Pfau schlägt sein Rad.«
(Leonard Cohen, »Story of Isaac«, aus »Songs from a Room«, CBS, Übersetzung von Bernd Giehl)

Kann man den Schrecken dieser Geschichte eindringlicher beschreiben? Menschen dürfen niemals Mittel zum Zweck werden, sagt dieses Lied; egal wie heilig sich dieser Zweck auch gebärden mag. »Süß und ehrenvoll ist es, für das Vaterland zu sterben«, so hieß es vor noch gar nicht allzu langer Zeit. Nein, sagt Cohen, nicht süß und ehrenvoll ist es, sondern schrecklich und aller Verachtung wert. Niemals mehr sollten Menschen irgendeinem Zweck geopfert werden, und komme er auch noch so honorig daher. Wenn heute über die Beteiligung der Bundeswehr an Kampfeinsätzen diskutiert wird, dann ist zumindest zu fragen, welchen Zielen ein solcher Einsatz dienen soll. Und wenn über das Ende der Atomkraftwerke in Deutschland geredet wird, dann sollte dieser Gedanke ebenfalls Berücksichtigung finden. Schließlich ist auch die Atomkraft lange Zeit ein Prestigeobjekt gewesen, das in Tschernobyl gezeigt hat, wie viele Opfer es fordern kann.

Möglich, dass die Geschichte auch diese Deutung transportiert. Immerhin muss Abraham am Ende seinen Sohn nicht opfern, sondern kann als Ersatz einen Widder nehmen. Gott selbst ist es, der am Ende durch sein Eingreifen den Mord an Isaak verhindert. Möglich wäre also, dass die Geschichte am Ende das Menschenopfer für überholt erklären will. Aber eine solche Erklärung mag vielleicht den Verstand befriedigen; das Gefühl jedoch beharrt darauf, dass der Schrecken zu groß ist. Deshalb soll nun ein zweiter Versuch folgen. Diesen Versuch möchte ich nennen:

Zweiter Versuch: Der Glaube steht über dem Ethischen

»Es war einmal ein Mann, der hatte als Kind jene schöne Erzählung gehört, wie Gott Abraham versuchte und wie dieser die Versuchung bestand, den Glauben bewahrte und zum zweiten Male einen Sohn wider Erwarten bekam. Als er älter wurde, las er die ganze Erzählung mit noch größerer Bewunderung, denn das Leben hatte getrennt, was in der frommen Einfalt des Kindes verbunden gewesen war. Je älter er wurde, desto öfter wandten sich seine Gedanken dieser Erzählung zu, seine Begeisterung wurde stärker und stärker, und doch konnte er die Erzählung immer weniger und weniger verstehen. Zuletzt vergaß er alles andere darüber; seine Seele hatte nur einen Wunsch, Abraham zu sehen, eine Sehnsucht, Zeuge jener Begebenheit gewesen zu sein. Er begehrte nicht die Schönheit des Orients zu sehen, nicht die irdische Herrlichkeit des gelobten Lands, nicht das gottesfürchtige Ehepaar, dessen Alter Gott segnete ... seinetwegen hätte die Geschichte auf einer öden Heide vorfallen mögen. Sein Trachten war, auf der 3-Tagesreise Abraham zu folgen, als er dahinritt, mit Sorgen vor sich und Isaak neben sich. Sein Wunsch war, zugegen zu sein in jener Stunde, da Abraham seine Augen erhob und in der Ferne den Berg Morija sah, in jener Stunde, da er die Esel zurückließ und einsam mit Isaak den Berg hinanstieg ...«

Nein, keine Sorge, diese Sätze stammen nicht von mir. Und auch wenn ich nun nicht in Ihre Herzen blicken kann, so vermute ich, dass Sie hin- und hergerissen sind zwischen zwei widersprüchlichen Gedanken. Der eine könnte heißen: Was für ein Spinner. Begreift der denn gar nicht, in was für einen entsetzlichen Konflikt Abraham gerät? Hat der denn gar kein Gespür für die Angst, den Zorn, die Trauer, die Wut, die Verzweiflung oder was immer da in Abraham vorgehen mag? Und der andere Gedanke könnte so lauten: Was für eine wunderbare Sprache. Wer so formulieren kann, der muss sich doch einfühlen können in diese tragische Geschichte.

Und tatsächlich: Er kann es. Und wie er es kann. Es ist der dänische Philosoph Sören Kierkegaard, dem ich hier das Wort gegeben habe. Ich weiß nicht, ob es noch einmal jemanden gegeben hat, der sich so tief in diese Geschichte hineingedacht hat. Nach der schon zitierten Einleitung variiert Kierkegaard die Erzählung von Abraham, indem er ihn auf dem Berg, als er schon Hand an den Knaben gelegt hat, sagen lässt, er, Abraham, sei ein Götzendiener und er handle nicht auf Gottes Befehl, damit Isaak nicht den Glauben an Gott verliere. Ein anderes Mal sieht er den Widder zu früh; aber hinterher kann er nicht vergessen, dass Gott es war, der das Furchtbare von ihm gefordert hat. Ein drittes Mal zittert Abrahams Hand, als er das Messer hebt, und Isaak verliert darüber den Glauben.

Ich kann und will nicht all die Verästelungen der Gedanken aufzählen, die Kierkegaard in »Furcht und Zittern« ausarbeitet. Es geht ihm um die Auseinandersetzung mit Hegel und dessen Satz, das Allgemeine sei das Wahre. Dem stellt Kierkegaard das Beispiel Abrahams entgegen, der gegen jeden Anspruch von Ethik handelt. Auch wenn der Befehl von Gott kommt, so bleibt die Tötung des Sohnes doch Mord. Ausdrücklich lobt er Abrahams Gehorsam, der alle Gebote hinter sich lässt. Notfalls, so meint er, muss man eben den Glauben über alles stellen, was man je gelernt und begriffen hat. Und zugleich beschreibt Kierkegaard so das Wesen des Glaubens. Der Glaube – so meint Kierkegaard – sei ohne Angst und Anfechtung nicht zu haben. »Doch Abraham glaubte und zweifelte nicht, er glaubte das Widersinnige.« Nicht dass er gewusst hätte, dass Gott im letzten Moment die Tötung Isaaks verhindern würde. Wie man das, was Abraham glaubte, beschreiben kann? Vielleicht so, dass Gott trotz allem immer noch Gott bleibt, der Heilige, das Absolute.

Dritter Versuch: Der dunkle Gott

Gott bleibt der Heilige. Notfalls kann er selbst seine eigenen Gebote außer Kraft setzen. Wer ihm folgt, kann das immer nur als Einzelner tun, in der Gewissheit, dass Gott auch ihm schwere Prüfungen auferlegen kann; den Beifall der Menge wird er dafür jedenfalls nicht bekommen.

So ungefähr kann man Kierkegaards Schlussfolgerungen beschreiben, die er in »Furcht und Zittern« aus der Geschichte von der Opferung Isaaks zieht.

Nun muss man nicht unbedingt mit Kierkegaard übereinstimmen. Man muss Gott nicht so autoritär beschreiben, wie Kierkegaard es tut, und man muss auch kein Lob auf Abrahams Gehorsam singen. Und doch ist es nicht falsch, hin und wieder einmal über das nachzudenken, was die Alten »Anfechtung« nannten und was heute die »dunkle Seite Gottes« heißt. Wie viele Menschen glauben nicht mehr an Gott, weil sie sagen, es sei im letzten Jahrhundert zu viel Schreckliches passiert. Und manche berufen sich ganz explizit auf »Auschwitz«, auf die Vernichtung der sechs Millionen Juden, um zu begründen, dass die Welt ohne den Gedanken an Gott auskommen müsse. Israel selbst hat das Erlebnis des Holocaust übrigens mit der Geschichte von der Opferung Isaaks gedeutet. Aber das ist eine andere Geschichte, eine Sache zwischen Gott und den Juden, in die Christen sich nicht einmischen können.

Aber man muss ja gar nicht auf den Ersten und Zweiten Weltkrieg und die Vernichtung der europäischen Juden zurückgreifen, wenn man von Erfahrungen mit dem dunklen Gott reden will. Jeder von uns kennt solche Stunden – Stunden, in denen uns alles fraglich wird. Ich erinnere mich an das erste Mal, an dem ich ein Kind zu beerdigen hatte. Es war ein Säugling, sechs Wochen alt, gestorben am plötzlichen Kindstod. Schon das Schreiben der Ansprache war eine Qual. Warum, so habe ich mich und Gott immer wieder gefragt, warum tust du den Eltern etwas so Schreckliches an? Und dann kam ich aus der Sakristei und sah zum ersten Mal den kleinen weißen Sarg, auf den ich nicht vorbereitet war. Auf alles Mögliche hatte ich mich eingestellt, nur nicht auf diesen kleinen weißen Sarg. Selten ist mir Gott so fern gewesen, so unbegreiflich; selten ist es mir passiert, dass ich Trost spenden sollte und hätte doch selbst den Trost eines anderen so nötig gehabt.

Warum macht Abraham sich auf den Weg? Warum sagt er nicht: »Wenn du das von mir forderst, dann will ich mit dir nichts mehr zu tun haben?« Ich kann mir eigentlich nur eine Antwort vorstellen und die liegt verborgen in der Antwort, die er Isaak gibt, als der ihn fragt, wo denn das Tier sei, das Abraham opfern wolle. Daraufhin sagt Abraham: »Mein Sohn, Gott wird sich ersehen ein Schaf zum Brandopfer.« Wenn diese Antwort nicht ganz und gar zynisch ist, dann kann sie nur *eine* Bedeutung haben: Am Ende wird Gott sich doch als der Freund erweisen, der er bis zu diesem Tag gewesen ist. Am Ende wird er den Befehl, den er Abraham gegeben hat, zurücknehmen. Davon ist Abraham überzeugt. Und nur darum geht er diesen Weg. Weil er an Gott glaubt – gegen Gott.

Und tatsächlich, so passiert es auch. Abraham kann beide behalten: Isaak und Gott.

Und jetzt kann ich auch eine Antwort auf die Frage versuchen, warum diese Geschichte denn erzählt wird. Ich denke, sie wird erzählt, weil Menschen, die glauben, immer wieder vor dem Unbegreiflichen stehen. Weil sie – genau wie Abraham – erleben, dass der Gott, den sie geliebt und dem sie vertraut haben, ihnen plötzlich fremd wird. Wenn wir die Geschichte so verstehen, wie ich sie erzählt habe, dass Abraham unbeirrt daran festhält, dass aus dem furchtbaren Götzen, den er da erlebt, doch wieder der liebende Freund wird, dann kann sie uns trösten. Dann ist sie – trotz allem – eine Hoffnungsgeschichte. Keine, die leicht verdaulich wäre. Das sicher nicht. Aber dennoch eine Hoffnungsgeschichte. Und darum – nur darum – kann ich über sie auch predigen.

Wer den ersten Schritt gewagt hat, fängt niemals wieder ganz von vorne an.

Text: 1. Mose 26,12–19

Helmut Herberg

»Hier!«, schrie er und streckte allen seine geschundenen Hände entgegen. »Soll das alles umsonst gewesen sein?«

Dann schlug er sein gewobenes Obergewand zurück und zeigte ihnen seine entzündeten Knie: »Tagelang habe ich die Schmerzen ausgehalten!«, rief er, »und jetzt soll alles vergeblich gewesen sein?!« »Nein«, schrie Gad, »denen werde ich es zeigen.« Drohend hob er dabei die Faust und streckte sie nach Westen. »Gad hat Recht!«, riefen die anderen. »Wir werden morgen in aller Frühe aufstehen, sie vor Tagesanbruch überfallen und unseren Brunnen zurückerobern. Wer sich wehrt, den erschlagen wir!«

Gad und seine Freunde, die Brunnenbauer, kochten vor Wut. Sie weigerten sich entschieden, ihren Feinden den Brunnen zu überlassen. Zu viel Arbeit, Knochenarbeit hatten sie in den Brunnen investiert. Tagelang war Gad auf allen Vieren über den steinigen Boden gekrochen und hatte wie ein Hund geschnüffelt. Überall wo er Wasser roch, schichtete er kleine Steinhaufen auf. Aus einigem Abstand gesehen, hatte Dan am Abend einen großen Stern gebildet. Seine fünf Strahlen bestanden aus kleinen Steinhaufen, die zur Mitte hin immer größer wurden.

»Hier!«, hatte Dan kurz vor Sonnenuntergang fest entschlossen gerufen. »Hier müssen wir graben. Hier fließen alle Wasseradern zusammen.« Ja, Gad konnte wie kein anderer Wasser riechen! Drei Wochen lang hatten sie dann Tag und Nacht gegraben, die Ränder mit Felsbrocken abgestützt und gesichert. Meter um Meter den Schacht ins Erdreich getrieben. Mit Eimern aus Ziegenleder Erde und Steine nach oben gezogen. Ein Kampf ums Wasser gegen die Zeit.

Um sich vor der unbarmherzig brennenden Sonne zu schützen, hatten sie ein großes, aus mehreren Fellen zusammengenähtes Zelt über den Brunnenschacht gespannt. Als dann nach der zweiten Woche die Erde aus der Tiefe immer noch gleich trocken war, streikten die Ersten.

»Das hat alles keinen Zweck! Wir schaffen das nicht. Die Wasserader verläuft wohlmöglich einen Meter neben unserem Schacht.«

Immer wieder wurde darum Gad in den Schacht hinuntergelassen um zu riechen. Und jedesmal zeigte er auf den Grund. »Weiter«, sagte er, »wir müssen noch etwas weiter graben.«

Inzwischen hatte Isaak, Oberhaupt der Nomadenfamilie, die Notschlachtung von einem Drittel der Rinderherde angeordnet. »Bevor die Tiere verdursten!«, hatte er in seiner wortkargen Art gesagt. Nun traten einige der Hirten hervor: »Wäre es nicht besser umzukehren, zurückzugehen, Abimelech, den König der Philister darum zu bitten, als seine Untertanen bei ihm wohnen zu dürfen?«

»Jawohl«, riefen die anderen. »Besser unfreie Knechte als hier in der Wüste langsam aber sicher zu verrecken!«

Isaak stellte sich auf einen der umliegenden Steine und hob die Hand: »Gott hat uns dazu berufen, freie Menschen zu sein! Freie Menschen in einem freien Land, das eines Tages unser Land sein wird. Sich freiwillig zu Sklaven zu machen, heißt Gott zu verraten.« »Warum«, rief einer der Schafhirten dazwischen, »warum haben wir uns überhaupt vertreiben lassen? Wir hätten es darauf ankommen lassen sollen, wer der Stärkere ist. Wir«, er zeigte auf die Umstehenden, »oder die da drüben!« Viele nickten zustimmend.

Auch Isaak nickte: »Ja, ich bin mit euch allen überzeugt, dass wir die Stärkeren sind. Der Stärkere aber geht den Weg des Friedens. Seine Stärke gründet sich nicht auf Opfer. Unser Ziel ist nicht das Wasser, sondern der Friede.«

Jetzt sprang Set auf und schrie mit hochrotem Kopf: »Schau dir unsere Herden an, ohne Wasser werden sie in wenigen Tagen verenden. Erst die Tiere, dann wir! Die verschütteten Zisternen, die unser Ahnherr Abraham gegraben hat und die wir wieder freigeschaufelt haben, sind in wenigen Tagen leer!«

Mit ruhiger und klarer Stimme antwortete Isaak: »Wer das nahe Ziel erreichen will, muss von dem fernen Ziel die Kraft schöpfen. Wenn Gad hier Wasser riecht, werden wir bald Wasser finden. Und jetzt wird weitergegraben!«

Murrend nahmen die Brunnenbauer ihre Arbeit wieder auf. Isaak konnte nicht nur ermahnen, in seinen Worten klang auch viel Zuversicht und Hoffnung mit. Als dann zwei Tage später die Erde im Schacht feucht wurde, besserte sich die Stimmung.

»Wasser!«, rief Set am Morgen des 5. Tages der dritten Woche. »Quellwasser!« Und als hätte es der Wind in alle Zelte getragen, standen die Männer, die Frauen, die Kinder plötzlich alle um den Brunnenschacht herum. Isaak selbst zog den ersten Eimer Wasser hoch, tauchte seine rechte Hand hinein und ließ dann die Tropfen von seinen Fingern auf die Erde perlen.

»Danke, guter Gott, danke für jeden Wassertropfen! In ihnen spiegelt sich das Licht deiner Güte, der Regenbogen.«

Dann schüttete Isaak das restliche Wasser auf die Erde, ließ den Eimer wieder in den Schacht und schöpfte zum zweiten Male. Wiederum schüttete er das Wasser auf den staubigen Steppenboden und rief: »Danke, guter Gott, deine Quellen versiegen nie.«

Als er den dritten Eimer aufs Land goss, sprach er sehr langsam, betonte jedes Wort: »Wenn Gott dich auf den Weg schickt, dann führt er dich auch immer wieder zur Quelle.«

Den vierten Eimer goss Isaak schwungvoll, im hohen Bogen, auf einen der Sternarme mit den Steinhaufen und rief: »Wer zur Quelle finden will, muss gegen den Strom schwimmen oder tiefer graben.«

Mit dem fünften Eimer Wasser, den Isaak hochgezogen hatte, ging er auf Gad, den alle liebevoll Wasserriecher nannten, zu. Isaak nahm die schwielenbedeckte Hand, hob sie hoch und sagte: »Wie tief ein Mensch seinen Brunnen gegraben hat« –, Isaak stockte, »graben musste, siehst du an seinen Händen.«

Unwillkürlich streckte Gad nun beide Hände hin und Isaak goss das Wasser über die Handflächen.

»Wie das Wasser, so die Menschen«, rief Isaak und goss nur etwa ein Drittel des Wassers aus dem 6. Eimer auf die Erde. Dann fuhr er fort: »Wir Menschen kommen vom Himmel.« Wieder schüttete er einen Teil des Wassers aufs Land. »Wir weilen auf der Erde!« Isaak machte eine Pause, schüttete den Rest aufs Land und fügte hinzu: »Wir versinken in die Erde und steigen wieder auf, zuletzt zum Himmel.«

Den siebten Eimer zog Isaak langsam, andächtig nach oben, ging mit ihm durch die Reihen der Umstehenden, besprengte sie alle mit dem Wasser und wiederholte dabei immer wieder den Spruch:

»Ohne Gott bist du ein Fisch am Strand,
ohne Gott ein Tropfen in der Glut,
ohne Gott bist du ein Gras im Sand
und ein Vogel, dessen Schwinge ruht.
Wenn dich Gott bei deinem Namen ruft, bist du Wasser, Feuer, Erde, Luft.«

Nach J. Klepper

Sieben Tage lang feierten sie das Brunnenfest. Tranken, aßen, tanzten, lachten und lobten Gott.

Doch die Festfreude hielt nicht lange an. Es waren gerade mal drei Wochen vergangen, da erschienen die Hirten des Philisterkönigs Abimelech. Sie waren bis an die Zähne bewaffnet. Auf Befehl ihres Anführers bildeten sie einen engen Ring um den neuen Brunnen und verweigerten den Hirten Isaaks den Zutritt. »Der Brunnen liegt auf unserem Grund und Boden und gehört darum uns!«, behaupteten sie.

Es kam zu Raufereien, die vermutlich schnell zum kriegerischen Konflikt ausgeartet wären, hätte sich Isaak nicht energisch zwischen die Streitenden gestellt und seinen Leuten den Rückzug befohlen.

Doch damit war zwar ein Krieg mit den Hirten Abimelechs vermieden, der Konflikt aber entbrannte nun in voller Schärfe zwischen Isaak und seinen Leuten. Gad und die anderen Brunnenbauer stellten sich gegen Isaak und weigerten sich, ihren Brunnen aufzugeben.

»Wir sehen nicht ein, dass die ganze Arbeit umsonst gewesen sein soll«, wiederholten sie und Gad fügte hinzu: »Ich kann und will mich nicht damit abfinden, dass wir nun wieder von vorne anfangen sollen.«

»Keiner, der den ersten Schritt gewagt hat, muss jemals wieder ganz von vorne anfangen«, entgegnete Isaak und gab den eindeutigen Befehl, weiter in die Steppe zu ziehen.

In der darauf folgenden Nacht aber schlich sich Isaak heimlich zum Brunnen, nahm einen spitzen Stein und ritzte in einen der Randsteine des Brunnens das Wort Esek (= Zank).

Dina

Text: 1. Mose 34

Klaudia Busch-W.

Vor einiger Zeit habe ich an viele Frauen und einige Männer in unserer Gemeinde eine Liste mit Frauennamen verteilt und darum gebeten, die Frauennamen anzukreuzen, die sie aus der Bibel kennen, und dann aufzuschreiben, aus welchem Zusammenhang diese oder jene biblische Frauengestalt bekannt ist.

Eva, Maria, Elisabeth, Lydia wurden als bekannt angekreuzt. Dina hingegen ist unbekannt. Es könnte daran liegen, dass Dina indirekt und ungewollt Mittelpunkt einer schlimmen, einer grausamen Geschichte ist. Wenn wir uns nun mit Dinas Geschichte beschäftigen, fassen wir ein ›heißes Eisen‹ an – wie der Volksmund sagt.

Über Dina wird im 1. Buch Mose 34 berichtet. Ich möchte Ihnen dieses 34. Kapitel zusammenfassend erzählen:

Dina ist die Tochter von Lea und Jakob. Jakob und seine Familie haben sich in Sichem angesiedelt. Weil sie dort Fremde sind, geht Dina zu den Mädchen des Landes, um sie kennen zu lernen. Sichem, der Sohn des Landesfürsten Hamor, sieht Dina und vergewaltigt sie. Anschließend jedoch verliebt er sich in Dina, möchte sie heiraten und bittet seinen Vater Hamor, bei Dinas Vater Jakob um ihre Hand anzuhalten. Als Hamor ihnen anbietet sesshaft zu werden und Ehen mit Einheimischen erlaubt, wenden Jakobs Söhne eine List an, um Rache zu üben: Sichem und alle Männer in der Stadt sollen sich beschneiden lassen, sonst könnten keine Ehen untereinander geschlossen werden. Die Männer unterziehen sich dem Eingriff. Als das Wundfieber sie schwächt, werden Sichem, Hamor und die anderen Männer der Stadt von Jakobs Söhnen getötet, die Stadt geplündert, Frauen und Kinder verschleppt.

Das ist die Geschichte der Dina, die mit einer Vergewaltigung beginnt und einem Blutbad endet. Eine grausame Geschichte, denn Vergewaltigung, Mord, Raub, Verschleppung aus der Heimat sind grausam.

Was ist der eigentliche Hintergrund, der Motor für diese Taten?

Es ist gekränkte Männerehre, die wiederhergestellt werden muss! Und sei es auf solch brutale Art.

Dina ist dabei das Opfer, sie ist nur Mittel zum Zweck. Zuerst wird sie vergewaltigt, erniedrigt und benutzt für die Zwecke eines anderen. Als Sichem sich anschließend verliebt und sie heiraten möchte, macht er seine Tat natürlich nicht ungeschehen. Aber er bietet ihr den Status einer verheirateten und damit ehrbaren Frau an.

Jetzt sind es der Vater und die Brüder, die Dina die Möglichkeit dieser gesellschaftlichen Stellung rauben, die morden und stehlen, um ihren männlichen Stolz wiederherzustellen.

Dina, um die es geht, kommt nicht einmal zu Wort. Sie wird nicht gefragt, sie wird nicht gehört. Die Männer treffen die Entscheidungen, sie bestimmen die ganze Geschichte, sie verfügen über Dinas gesamtes Leben wie über ihr Eigentum. Nach der grausamen Tat ist für den Vater und die Brüder die verletzte Ehre wiederhergestellt. Und Dina? Wo bleibt ihre Ehre? Wer tröstet sie? Wer richtet sie wieder auf?

Wer gibt ihr das Selbstwertgefühl zurück?

Wollte sie Sichem vielleicht heiraten? Ist sie inzwischen schwanger?

Keine meiner Fragen findet eine Antwort.

Und die Frauen der Stadt?

Die Frauen der Stadt werden zu Witwen gemacht, die Kinder zu Waisen, sie werden fortgeschleppt aus ihrer Heimat. Wo bleibt ihre Ehre? Wer tröstet sie?

Wie werden sie zurechtkommen nach diesen entsetzlichen Erlebnissen?

Fragen über Fragen. Welch eine Anmaßung, welch grenzenlose Arroganz, die solch großes Leid über Frauen und Kinder bringt.

Auf einem Kalenderblatt las ich vor kurzem:

»Wenn Männer unterdrückt werden, ist es eine Tragödie. Wenn Frauen unterdrückt werden, ist es Tradition.« (Bernadette Mosala)

Ein altes und gleichzeitig aktuelles Thema.

Wer hört heute die Opfer? Wer hört heutzutage auf die Betroffenen?

Mir wurde einmal gesagt: Das gehört nicht in die Kirche!

Was bleibt den Betroffenen? Vereinsamung, Depression, der Psychologe, die Psychologin für Gespräche? Das gehört nicht in die Kirche. Ist das wirklich so?

Und Gott? Gott schweigt zu alledem. Jedenfalls ist in Dinas Geschichte nichts von Gottes Reden und Eingreifen überliefert.

Gott schweigt zu den Gräueltaten im Sudan, im ehemaligen Jugoslawien, wo Vergewaltigungen als Teil der Kriegsstrategie begangen wurden. Gott schweigt. Gottes Schweigen führt mich an die Grenze meines Glaubens. Schweigt Gott?

Während ich dieser Frage nachsinne, gehen meine Gedanken zu den Geschichten, die von Jesus erzählen. Zwei Dinge zeichnen ihn aus: sein Mitleiden und sein Protest gegen Unrecht. Er hat die Betroffenen gefragt, sie zu Wort kommen lassen, ist freundlich mit ihnen umgegangen, hat ihnen ihre Würde als Mensch zurückgegeben. Er hat dem Unrecht widerstanden und die Täter überführt. Und von Gott hat er erzählt als einem, der das Verlorene, Verstummte, Ausgestoßene sucht und mit Freude annimmt.

Wir – als Christinnen und Christen in Jesu Nachfolge – haben uns an ihm zu orientieren. Wir können für die Opfer Partei ergreifen. Wir können helfen, dass Frauen wie Dina ihr Verstummen lösen. Wir können dafür sorgen, dass sie zu Wort kommen. Wir können den Opfern unsere Stimme geben. Wir können Widerstand leisten gegen Ungerechtigkeit.

Haben wir den Mut und versuchen wir es, damit sich Gott unserer Stimme bedienen kann.

Das eigene Leben leben

Taufpredigt über 1. Mose 35,16–20

Elisabeth Müller

In diesem Gottesdienst taufen wir die kleine N.N. Ihre Eltern bringen sie in diese Kirche, um Schutz und Segen für sie zu erbitten, um sie zu einem Teil der christlichen Gemeinschaft werden zu lassen, um ihr Schicksal in die Hände Gottes zu legen. Mit der Geburt eines Kindes verändert sich für die Eltern viel. Der Wunsch liegt nahe, mit der gewaltigen Aufgabe, ein Kind groß zu ziehen, nicht allein zu sein.

Schon rein äußerlich wird alles anders durch Kinder: Sie beanspruchen Zeit und Energie, der ganze Alltag ist davon geprägt.

Aber das ist es nicht alleine. Mir selber ging und geht es so: Mit dem Blick auf meine Kinder wächst das Gefühl dafür, dass sie und ich in einer Linie stehen, die viele Generationen zurückreicht und die wahrscheinlich auch über die Kinder hinaus gehen wird. Stärker als früher verstehe ich mich selbst als Teil einer Generationenfolge. Der Blick richtet sich auf die eigenen Wurzeln. Manches im Leben meiner Eltern und Großeltern verstehe ich besser, seit ich selbst Kinder habe. In anderen Dingen ist mir umso klarer, was ich anders machen will.

Die meisten Menschen können ziemlich genau sagen, was sie mit ihren Kindern auf jeden Fall anders machen wollen, als es die eigenen Eltern mit ihnen taten. In der Praxis ist das viel schwerer als zunächst gedacht. Viele ertappen sich dabei, das Verhalten der Eltern nachzuahmen. Ich stelle manchmal fest, dass ich meine Kinder mit denselben Worten zurechtweise, die meine Mutter früher mir gegenüber gebrauchte.

Das Erbe einer Familie ist oft sehr viel zäher, als es die Betroffenen zunächst glauben möchten. Die Tragweite, die das hat, ist unterschiedlich. Ein Erbe kann erdrücken, es kann leicht sein. Aber ich glaube, dass jeder Mensch im Leben auch die Aufgabe hat, sich zumindest teilweise von diesem Erbe zu lösen und ein eigener, eigenständiger Mensch zu werden.

Es gibt eine biblische Geschichte, die erzählt von einem Kind, das ein sehr schweres Erbe hat. Es ist die Geschichte von Benjamin, dem jüngsten Sohn von Rahel und Jakob. Ich lese aus dem 1. Buch Mose, im 35. Kapitel:

Sie waren unterwegs, als Rahel Wehen bekam und gebar.

Sie hatte eine schwere Geburt. Und als sie unter der Geburt schwer litt, redete ihr die Hebamme gut zu: Hab keine Angst, auch diesmal hast du einen Sohn.

Als ihr dann die Lebenskraft entwich und sie sterben musste, nannte sie das Kind »Ben-Oni«, das heißt »Sohn meines Schmerzes«. Sein Vater aber nannte ihn »Ben-Jamin«, das heißt »Sohn des Gelingens«.

So starb Rahel und wurde begraben an der Straße nach Bethlehem. Jakob errichtete ein Steinmal über ihrem Grab. Das ist das Grabmal Rahels bis auf den heutigen Tag.

Es gibt wohl kaum ein schwereres Erbe für ein Kind als das, von dem diese Geschichte erzählt. Die Geburt des Kindes fällt zusammen mit dem Tod der Mutter. Aus Rahels Sicht ist das Kind der Sohn ihres Schmerzes. Dass sie das Kind so nennt, drückt ihre Verzweiflung aus und ihren Kummer. Aus ihrer Perspektive ist das nachvollziehbar.

Und dennoch tut Jakob gut daran, dem Kind einen anderen Namen zu geben. Wie soll ein Mensch damit leben, das Kind des Schmerzes der eigenen Mutter zu sein? Das Erbe, das Rahel ihrem Sohn durch den Namen mitgibt, lädt eine Last auf ihn, die er nicht tragen kann.

»Sohn des Gelingens« nennt Jakob das Kind. Und wir wissen aus den biblischen Erzählungen, dass er das nicht tut aus Gleichgültigkeit seiner toten Frau gegenüber. Im Gegenteil, Jakob hat Rahel sehr geliebt. Aber er, der lebt, hat das Leben seines Kindes vor Augen. Rahels Leben geht zu Ende, das ihres Sohnes beginnt. Sein Schicksal wird schwierig genug sein als mutterloses Kind. Er muss nicht auch noch die Verzweiflung Rahels auf sich nehmen. Mit der Umbenennung des Kindes tut Jakob etwas sehr Wichtiges: Er lässt den Schmerz und die Verzweiflung Rahels bei dieser selbst. Obwohl auch Jakob voller Schmerz und Trauer ist, nennt er doch das Kind »Sohn des Gelingens« und stellt sein Leben damit unter einen anderen Stern. Er eröffnet dem Kind ein eigenes Leben und löst es vom Schicksal der Eltern.

Es geht Jakob nicht darum, Rahel zu vergessen. Darauf weist ja eindrücklich das Ende der Erzählung hin, in dem von dem Steinmal erzählt wird, das Jakob ihr errichtet. Der Toten wird alle Ehre erwiesen, die ihr zusteht. Rahels Andenken gerät nicht in Vergessenheit.

Aber ihr Schatten soll nicht über dem Leben des Kindes liegen.

Was Benjamin daraus machen wird, ist eine andere Sache. Auch als »Sohn des Gelingens« kann er sich sein Leben lang bedauern, weil seine Mutter so früh starb. In jedem Leben findet sich genug, weshalb man sich selbst Leid tun kann oder womit man hadern kann. Was Benjamin letztlich aus seinem Leben macht, ist seine Sache. Aber Jakob, der Vater, hat eine wichtige Voraussetzung geschaffen: Der Schmerz der Mutter wird nicht wie ein Fluch über seinem Leben liegen.

Nun ist dies sicher eine extreme Geschichte. Sie bringt aber etwas zum Ausdruck, was für alle Menschen eine Rolle spielt: wirklich das eigene Leben zu leben. Nicht die Wünsche der anderen, z. B. der Eltern zu erfüllen. Kinder erben manches von den Eltern und Verwandten: das Aussehen, bestimmte Charakterzüge. Aber sie sind immer auch anders als die anderen und haben ein eigenes Leben, ein eigenes Schicksal. Sie müssen sich den Anforderungen *ihres* eigenen Lebens stellen.

In der Kirche taufen wir Kinder, um sie dazu fähig zu machen. Eine alte Umschreibung für die Taufe heißt »Bad der Reinigung«. Dahinter steht die Überzeugung: Im Wasser der Taufe bleibt das zurück, was Leben bedroht und verhindert. Die Taufe befreit in diesem Sinne Kinder eben auch von den Wünschen ihrer Familie, von einem vielleicht schweren Erbe. Die Taufe hilft den Kindern, ein eigener Mensch zu werden, ein eigenes Leben zu leben, ein einmaliges Geschöpf Gottes zu sein.

Was Jakob tut, als er sein Kind »Sohn des Gelingens« nennt, das tun wir im Grunde mit der Taufe. Wir stellen das Leben des Kindes unter ein gutes Zeichen. Wir geben dem Kind ein göttliches Versprechen mit auf den Weg, das da heißt: Du bist ein geliebtes Kind. Du wirst deinen eigenen Weg gehen, und ich, Gott, werde bei dir sein.

Wir tun dies, wie Jakob, im Vertrauen auf die göttliche Begleitung und in die verborgenen Zusammenhänge des Lebens.

Genau wie bei Benjamin bedeutet dies für alle Getauften nicht, dass automatisch alles glatt läuft. Die Taufe eröffnet eine Möglichkeit. Sie ist eine Hilfestellung. Das Leben will trotzdem gelebt und bewältigt werden.

Als Eltern, als Patinnen und Paten, als Familie möchten wir für die Kinder natürlich gute Voraussetzungen schaffen. Viele sind heute hier, um N.N. ihre guten Wünsche mit auf den Weg zu geben. Sie soll es gut haben. Und weil vieles in dieser Hinsicht nicht berechenbar ist, legen wir ihr Schicksal mit der Taufe in Gottes Hände und bitten um Beistand für ihren Lebensweg.

Ob N.N. am Ende ihr Leben als ein gutes Leben betrachten wird, hängt auch davon ab, ob sie von uns Großen lernt, darauf zu vertrauen, dass Gott sie durch das Leben begleitet. Sie wird uns sehen und uns zum Vorbild haben. Wie lernt ein Kind, sein Leben selbst in die Hand zu nehmen und auf Gott zu vertrauen? Zum Beispiel, indem es Menschen vor Augen hat, die sich nicht immerzu aufhalten mit der Frage »Warum das mir und warum jetzt?« Indem es Menschen vor Augen hat, die fragen »Was ist hier und jetzt von mir gefordert? Welche Aufgabe wird mir gestellt?« Indem es Menschen um sich hat, die ihm zur Seite stehen und so sein Vertrauen in Gottes Begleitung stärken.

N.N. ist noch klein und braucht zunächst eure Begleitung, die seiner Eltern, seiner Schwester, der engeren Familie. Dann werden zunehmend andere wichtiger: die Patin, der Pate, Freundinnen und Freunde, Erzieherinnen und Lehrerinnen.

Es ist zu hoffen, dass sie immer Menschen um sich hat, die sie unterstützen und ihr helfen.

Dass sie am Ende sagen kann: Es war gut, wie es war, und es war *mein* Leben, und Gott hat mich begleitet – darum bitten wir heute.

Gott entlässt uns nicht

Text: 4. Mose 11,11 ff.

Heide Schmidt-Schwarzwäller

Ich weiß nicht, was Sie heute am Pfingstsonntag von der Predigt erwarten; mit welchen Fragen Sie gekommen sind; was Sie gerne erfahren möchten. Ich selbst war überrascht, als ich den vorgeschlagenen Predigttext las. Es ist ein Text aus dem Alten Testament. Er steht im 4. Buch Mose im 11. Kapitel:
Predigttext lesen.

Wir werden an eine Zeit erinnert, die lange vor unserem christlichen Pfingstfest liegt: (Paraphrase) Israel befindet sich in Gefangenschaft – Mose wird berufen, das Volk aus der Unterdrückung zu befreien – Mose spricht mit dem Pharao – das Herz des Pharaos ist und bleibt hart – Gott schickt viele Plagen über Ägypten, um den Pharao zu »erweichen«, Israel ziehen zu lassen – Heuschrecken, Stechmücken, Finsternis ... – Mose darf mit Israel ausziehen – Durchzug durch das Rote Meer – die nachfolgende Armee des Pharao kommt um – Israel ist frei – der Weg liegt offen vor ihnen – langer Weg durch die Wüste – sie kannten ihr Ziel: das von Gott verheißene Land – aber der Weg durch die Wüste war lang; voller Entbehrung – bange Frage: »Erreichen wir das Ziel?« – Unzufriedenheit: Fleisch statt immer nur Manna. (Ende der Paraphrase)

Sie wurden müde und gaben Mose die Schuld. Sie wurden unzufrieden und gaben Mose die Schuld. Sie hatten Angst und gaben Mose die Schuld. Wie eine Last legt sich diese Unzufriedenheit auf Mose. »Ich vermag all das Volk nicht alleine zu tragen, denn es ist mir zu schwer, hatte er zu Gott gerufen. Lieber sterben wollte er als ständig überfordert zu sein. »Willst du aber doch so mit mir tun, so töte mich lieber, ... damit ich nicht mein Unglück sehen muss.«

Kennen Sie das? Wenn die Nörgler sich erheben; Gericht spielen; Anklagen auf einen herniederprasseln, weil man nicht so ist in den Augen der anderen, wie man sein sollte? Da ärgert sich jemand über Sie; wird wütend; und auf einmal sind Sie schuld, denn hätten Sie nicht eine eigene Meinung gehabt, hätte sich der andere nicht zu ärgern brauchen.

Das Volk hat Angst und gibt Mose die Schuld. Hätte er sie in Ägypten gelassen, müssten sie jetzt nicht so viel Entbehrung aushalten. Sicher, alle hatten sich gewünscht frei zu sein, Ägypten zu verlassen, nicht mehr Sklaven zu sein. Aber so anstrengend soll die Freiheit nun auch wieder nicht sein. Sicher, sie wollten nicht mehr Sklaven sein in Ägypten, auf die Fleischtöpfe verzichten aber wollten sie nicht. Die Gefangenschaft von gestern verklärt sich zu einer komfortablen Geborgenheit. Natürlich sollte sich etwas ändern, doch nun, wo alles anders ist, das neue Ziel noch nicht erreicht, da kommen die Unzufriedenheit und die Angst. Sie nörgeln und murren, verschließen ihre Herzen, sind verstockt, starrsinnig.

Mose ist am Ende. Berufung hin – Berufung her; Gott kann sagen, was er will; Mose ist am Ende. Seine Kraft reicht nicht aus, das Volk zu tragen. Er kann nicht mehr – und er will auch nicht mehr. Aber Gott entlässt ihn nicht aus seiner Berufung.

Vielleicht haben Sie das selber schon erlebt. Vielleicht stecken Sie gerade selbst in solch einer Situation, in der Sie am liebsten alles hinwerfen möchten. Ist es dann Gnade oder Bürde, in solch einem Augenblick nicht aus der Berufung entlassen zu werden? Glück oder Unglück, dass nicht wir bestimmen, wozu wir berufen sind in diesem Leben; dass unsere Berufung nicht davon abhängt, was wir uns zutrauen, wie wir oder andere uns einschätzen, dass nicht wir uns aussuchen, wozu wir in unserem Leben bestimmt sind, sondern Gott entscheidet darüber. Gott hat Mose berufen, und Gott entlässt ihn nicht aus der Berufung, obgleich Mose alles hinwerfen möchte.

Mose ist kein Einzelfall:

Elia war berufen, Israel zum Glauben zurückzurufen. Und als sein Leben dabei in Gefahr kommt, da »fürchtet er sich, macht sich auf und läuft um sein Leben ... geht in die Wüste, setzt sich unter einen Wacholderbaum und wünscht sich zu sterben« (1. Könige 19,3–4). Aber Gott entlässt ihn nicht aus seiner Berufung.

Der Prophet Jona, von Gott berufen, in Ninive gegen die herrschende Bosheit zu predigen, macht sich auf und will vor Gott fliehen. Aber Gott entlässt ihn nicht.

Der Prophet Jeremia verhandelt mit Gott, sagt, er sei viel zu jung für die Berufung, Prophet zu sein; doch Gott entlässt ihn nicht, trotz aller Klagen. Gott mutet ihm die Feindschaft seines ganzen Volkes zu.

Und Petrus, von dem Jesus sagte, er sei der Fels, auf dem er seine Gemeinde bauen will: Er bekennt Christus als Gottes Sohn und leugnet ihn doch. »Ich kenne den Menschen nicht.« (Matthäus 26,72 und 74)

Nicht wir bestimmen, wozu wir im Leben berufen sind. Nicht von unserer Selbsteinschätzung hängt sie ab, die Berufung; nicht davon, was wir uns zutrauen oder andere uns zutrauen, sondern Gott beruft. Nach welchen Kriterien? Ich weiß es nicht. Sicher ist nur: Wir mögen wohl davonlaufen, aber er entlässt uns nicht.

Hätten Sie damit gerechnet, dass am Pfingstsonntag ausgerechnet von der Überforderung eines Menschen die Rede ist; von der Überforderung eines von Gott Berufenen? Ich war verblüfft, dann angerührt: Denn ehe vom Geist Gottes und seinem Wirken die Rede ist, kommt die Ohnmacht zu Wort. Da ist erst die Klage, bevor Gott zur Tat schreitet.

Ich habe Stimmen im Ohr, die die Krise der Kirche, den fehlenden Geist beklagen. Sie wünschen sich mehr Gemeinschaftsgeist, mehr gute Werke, mehr Eintracht in einem Geist. Und ich frage mich: Vielleicht haben wir zu wenig geklagt und zu viel gewollt? Vielleicht ist deshalb so wenig Geistesgegenwart in unserer Kirche zu spüren, weil wir uns angesichts der viel besprochenen Krise gar nicht am Ende fühlen, sondern im Gegenteil: stark, zufrieden, wenig gefährdet; zu sicher in unserem Standpunkt, was wahre Kirche, was ein rechter Geistlicher ist und was ein richtiger Christ tun muss. In dieser Denkungsart ist von Schwäche keine Spur. Und dabei frage ich mich: Was soll Gott bei Menschen, die sich lieber auf ihren eigenen Geist verlassen? Wie kann er uns etwas schenken, wenn wir – im Bild gesprochen – gar keine leeren Hände haben, um zu empfangen, was er gibt?

Vielleicht müssen wir heutigen Christen das wieder lernen: Pfingsten, Empfang des Heiligen Geistes, geschieht dort, wo wir Menschen uns am Ende fühlen, nicht mehr weiterwissen und eigene Möglichkeiten ausgeschöpft sind.

Wenn ich Ihnen nun »frohe Pfingsten« wünsche, dann meine ich: Fragen Sie nicht nur danach, wie Sie Ihr Leben meistern, die Umstände bewältigen, das Schlimmste abwenden, sondern finden Sie täglich, wozu Sie berufen sind, in welchem Auftrag Sie leben und zu welchem Ziel.

Höre, Israel!

Text: 5. Mose 6,4–9

Sybille Gottwick

Diese Ansprache wurde in einer Alteneinrichtung der AWO gehalten. Es kommen zu den Gottesdiensten ca. 26 Personen, sowohl aus der Einrichtung als auch aus der Gemeinde.

Der Predigttext, den wir eben hörten, ist ein ganz besonderer Text für das jüdische Volk – früher und heute immer noch. Er ist das so genannte »Kernstück jüdischen Glaubens«; es sind Worte, die jedes Kind früh hört und kennt. Auch Jesus hat diese Worte schon im Kindesalter gekannt, auswendig gekonnt und danach gelebt, denn es ist für jüdische Menschen ein zentrales Hauptgebet. Das »Höre, Israel« oder hebräisch »Sch'ma Jisrael« ist als Kernsatz jüdischen Glaubens, als zentrales Glaubensbekenntnis allen Menschen geboten, und es ist ins Herz hineingeschrieben: »Höre, Israel, der Herr ist unser Gott, der Herr allein« – so schreibt es die neue Lutherübertragung.

Martin Buber und Franz Rosenzweig – zwei Religionsphilosophen – übersetzen: »Höre Jisrael, er unser Gott, er einer!« Und die Herderübertragung schreibt: »Höre Israel! JHWH (Anmerkung: auszusprechen als »Adonaj«) unser Gott ist der einzige JHWH!« Drei verschiedene Übersetzungen – manche näher am Original, dem hebräischen Text, aber immer ist »Gott allein unser Gott«, ist »Gott, der einzige Gott«, den wir – nur in der Nachfolge des jüdischen Menschen Jesus – vom Volk Israel kennen gelernt haben, kennen lernen durften.

Wir glauben dem Gott Israels, seinen Verheißungen, seinen Zusagen an die Menschen damals, und wir haben davon gehört, weil Jesus gelebt hat. Uns wird darum gesagt, so der Predigttext: »Du sollst den Herrn, deinen Gott, lieb haben von ganzem Herzen, von ganzer Seele und mit all deiner Kraft.« Wir alle, das ist uns aufgetragen wie die Zehn Gebote oder die Weisungen Gottes, wir alle sollen Gott lieb haben.

Was bedeutet das für uns? Gott zu lieben ist schön, angenehm und oftmals unser Wunsch. Es ist aber zugleich auch beschwerlich und nicht leicht zu leben. Gott zu lieben, wenn uns Schlimmes, Notvolles widerfährt, ist schwer, scheinbar schier unmöglich. Ihn – Gott – dann von ganzem Herzen, von ganzer Seele und mit all unserer Kraft zu lieben, erscheint uns vielleicht sogar dumm und unnütz – sollten wir uns doch lieber auf uns selbst besinnen und uns selbst helfen; wir denken vielleicht, dass wir unsere ganzen Kräfte für uns selbst einsetzen sollten. Immer wieder in unserem Leben passiert es, dass wir uns so fühlen und so denken. Und das hat auch sein Recht in unserem Leben. Mir ist es dann aber so ergangen, dass ich letztlich meine neuen Kräfte nicht aus mir selbst schöpfen konnte, sondern Gott mir neue Kraft geschenkt hat, weil ich mich ihm wieder zugewandt habe, ihn zurück in mein Leben ließ und Gott wieder lieb hatte. Denn ich kenne diese Worte: »Höre, Israel, der Herr ist unser Gott, der Herr allein« oder in einer jüdischen Übertragung: »Höre Israel! Der Herr ist unser Gott, der Herr ist einzig.« (Much, Theodor, Judentum, wie es wirklich ist. Die bedeutendsten Prinzipien und Traditionen. Die verschiedenen Strömungen. Die häufigsten Antijudaismen, Wien 1997, Seite 177)

Auf diese Worte traue ich, die können uns alle bestärken und kräftigen: »Der Herr ist unser Gott!« Er gehört zu uns, er will bei uns sein, wenn auch wir etwas tun. Denn im Folgenden lesen wir: »Du sollst den Herrn, deinen Gott, lieb haben von ganzem Herzen, von ganzer Seele und mit all deiner Kraft.« Gott hat uns lieb, und wir lieben Gott. Wir sollen dies ganz tun – mit jeder Faser unseres Körpers, mit allem, was wir sind und haben. D. h., dass wir täglich, stündlich, ja minütlich uns daran erinnern, was Gott uns alles aus Liebe geschenkt hat und immer noch schenkt. Den jüdischen Menschen sind dazu Zeichen gegeben wie das Zeichen am Pfosten der Tür, die Mesusa, oder das Zeichen auf Hand und Stirn, die Tefillim u. v. m. Wir müssen uns unsere Zeichen und Zeiten des Gedenkens selbst suchen, jeder und jede für sich. Und wir hören die Worte eines Pfarrers, der unseren Text folgendermaßen umschrieben hat: »Höre, Menschheit, Juden und Christen, [...] Gott als einer, er allein. Und du sollst deinen Gott bejahen mit deinem ganzen Denken und Fühlen, mit deiner Bedürftigkeit und mit deinen Stärken und Geldern, dem ganzen Vermögen. Und dieses Wort, Weisung hier und heute, herzlich nahe, erzähle davon deinen Kindern, zu Hause und auf Reisen, morgens und abends. Mach dir ein handfestes Zeichen und Symbole gegen deine Engstirnigkeit, mache dir Wörter Gottes zu Eckdaten und offener Einladung für ›eine bewohnbare Sprache in einer bewohnbaren Welt.‹« (H. Böll) (Schröer, Henning, 1. Sonntag nach Trinitatis: 5. Mose 6, 4–9, Teil B, in: Predigtstudien für das Kirchenjahr 1999. Perikopenreihe VI. Zweiter Halbband, hrsg. von P. Krusche u. a., Stuttgart 1990, Seite 105 f.)

Denn es gilt für uns: »Höre, Gott ist einer, Er ist (unser) Befreier, Er unser Gott, Er einer.« (Ebd., Seite 106) Amen.

Gott, du bist unser Gott, einzigartig in deiner Existenz und einzigartig in deiner Liebe und Barmherzigkeit. Darum bitten wir dich: Lass uns deine Einzigartigkeit immer wieder erkennen, damit wir uns stets von ganzem Herzen zuwenden können. Hilf uns, dein Wort im Alltag zu leben. (Appel, Kerstin, 1. Sonntag nach Trinitatis. 5. Mose 6,4–9, Lesepredigten. VI. Perikopenreihe. Lieferung 2: Exaudi bis Ewigkeitssonntag, hrsg. v. Erhard Domay u. a., Gütersloh 1996, Seite 26)

Und der Friede Gottes, des einzigen Gottes, bewahre uns in Ewigkeit. Amen.

Die Hure und der Messias

Texte: Josua 2 und Matthäus 1,1–17

Wolfgang Herrmann

Wenn der Agent 007, sein Name ist Bond, James Bond, seinem aufregenden Beruf nachgeht, folgt er einem uralten literarischen Muster, das uns aus der Bibel vertraut ist. So in einer der populärsten Geschichten aus alter Zeit, der Geschichte von der spektakulären Eroberung der Stadt Jericho. Sie gilt als älteste Stadt der Welt; für die Kinder Israels war es die erste Stadt des verheißenen Landes, die es nach der Befreiung aus ägyptischer Sklaverei und vierzigjähriger Wüstenwanderschaft zu erobern galt. Zwei Spione werden ausgesandt, um die Schwachstellen der befestigten Stadt zu erkunden. Wie James Bond landen sie bei einer Frau, Rahab, die, ebenso wie die schönen Gespielinnen des 007, der Katastrophe lebend entkommen wird. Allerdings nicht an der Seite der beiden Kundschafter, sondern zusammen mit ihrer großen Familie, deren Überleben sie durch einen Vertrag mit den Kundschaftern gesichert hatte. Von Rahab erfahren die Männer, dass der schwache Punkt der Stadt nicht in der Mauerbefestigung zu suchen ist. Es ist vielmehr der Schatten der Angst, den die kompromisslos kriegerischen Israeliten vorauswerfen. *»Es wagt keiner mehr, vor euch zu atmen«*, erfahren die Männer. Offenbar ist der Gott Israels mächtiger als die Götter Kanaans. *»Alle Bewohner des Landes sind vor uns feige geworden«*, berichten die beiden nach ihrer Rückkehr. Wie sind sie ausgerechnet an diese offenbar kluge und berechnende Frau geraten?

Ganz einfach: Sie sei eine Hure gewesen, sagt die Erzählung des Josuabuches. Ihr Haus habe nicht im Zentrum, sondern direkt an der Stadtmauer gelegen. Rahab war also in doppeltem Sinn eine Außenseiterin –, durch die Randposition ihres Hauses und durch ihren Beruf. Bei Prostituierten haben zu allen Zeiten Verfolgte und Heimlichtuer Unterschlupf gefunden, und ihre Loyalität gilt nicht unbedingt der herrschenden Macht. Das schon deshalb, weil sie oft über ausgezeichnete Informationen verfügen und diese durchaus zu ihrem persönlichen Vorteil einzusetzen verstehen. Doch Informationen dringen auch nach außen, so an den königlichen Hof das Gerücht, zwei Spione hätten sich eingeschlichen. Ein Suchtrupp wird losgeschickt. Rahab versteckt die Männer rechtzeitig auf dem Dach ihres Hauses. Hier mag man die Bedeutung ihres Namens bedenken: »rachab« bedeutet im Hebräischen so viel wie »weit« und »geräumig«. Hat diese Frau ein weites Herz? Jedenfalls führt sie die Häscher des Königs erfolgreich auf eine falsche Fährte: »Die Fremden sind schon längst über alle Berge. Als man bei Anbruch der Dunkelheit die Stadttore schließen wollte, sind sie wieder fort.«

Es bleibt die Nacht, um den Vertrag mit den künftigen Eroberern auszuhandeln, der das Überleben Rahabs und ihrer Familie sichern soll. Schließlich entlässt sie die Kundschafter im Schutz der Dunkelheit mit Hilfe eines Seiles über die Stadtmauer. Wenn die Stadt fällt, wird Rahab ein rotes Seil als rettendes Erkennungszeichen ins Fenster knüpfen. – Soweit diese Geschichte, deren Grundmuster sich nicht von den Spionageromanen und -filmen unterscheidet, die ein breites Publikum unterhalten. Doch anders als die kurzlebigen Romane und Filme gehört diese Erzählung zur Weltliteratur und hat eine erstaunliche, immer noch hochaktuelle Wirkungsgeschichte.

Jericho, damals eine kanaanäische, heute palästinensische Stadt, wurde, so die Erzählung, durch eine hoch gerüstete israelische Armee unter dem religiösen Schutzschild des Heiligen Krieges bedroht, belagert, erobert. Der gegenwärtige israelische Geheimdienst kann seine Ursprünge ebenso in der archaischen biblischen Tradition finden wie die moderne Ideologie der gewaltsamen Siedlungs- und Enteignungspolitik. Den Eroberern unter Josua galt das gesamte Land Kanaan als von Gott gegebene Beute. Der fundamentalistische Kern der Siedler in der Westbank knüpft heute daran an. Und sowohl die grauenhafte Kette der Selbstmordanschläge verzweifelter und verblendeter Palästinenser als auch der israelische Vergeltungskrieg mit seinen Gräueln zeigen, wie die berechtigten Ansprüche auf Sicherheit und Gerechtigkeit auf beiden Seiten die Seelen vergiften und die Blutspur des politischen Terrors erzeugen.

In der archaischen Frühzeit führte Josua einen grausamen, einen totalen heiligen Krieg gegen die Kanaanäer, die das historische Pech hatten, in einem Lande zu wohnen, das ein fremder Gott fremden Eroberern versprochen hatte. Heiliger Krieg heißt, dass es nach einem Sieg im Namen des »Herrn der Heerscharen« keine Überlebenden geben wird, weder Männer noch Frauen, Kinder und Alte.

Rahab, die Prostituierte von Jericho, erkennt die überwältigende Macht dieses Gottes an und rettet damit ihr Leben. Sie bricht mit dem kanaanäischen Götterpantheon: *»Euer Gott ist oben im Himmel und unten auf Erden«*, lautet ihr neues Credo. Es wird ihr das Überleben im Massaker der Israeliten an der Stadtbevölkerung sichern. *»Dein Wille geschehe – wie im Himmel, so auf Erden«*, wird es ein Jahrtausend später im Gebet Jesu heißen, nicht ohne dass zuvor eine bemerkenswerte Verbindung zwischen Rahab und Jesus geknüpft worden ist.

Worin besteht dieser Zusammenhang? Wir finden ihn ganz am Anfang des Neuen Testamentes, in den ersten Sätzen des Evangeliums nach Matthäus. Dieses Evangelium beginnt mit einem Stammbaum Jesu. Nun gibt es an anderer Stelle der neutestamentlichen Schriften, im ersten Brief an Timotheus, eine deutliche Warnung: Timotheus möge nicht Acht haben auf *»Geschlechtsregister, die kein Ende haben und eher Fragen aufbringen, als dass sie dem Ratschluss Gottes im Glauben dienen«*. (1. Tim 1,4) Matthäus allerdings war offenbar vollkommen entgegengesetzter Meinung; und setzt man sich dem Vergnügen aus, den Geschichten nachzugehen, für die die vielen Namen in diesem Stammbaum stehen, gerät man an spannende Zusammenhänge.

In einer dreifachen Folge von je vierzehn Generationen gliedert Matthäus die Geschichte Israels: vom Stammvater Abraham zu König David, von diesem zur babylonischen Gefangenschaft und von dort bis zur Geburt Christi. Jesus ist als Erbe der Geschichte Alt-Israels in dieser Geschichte verwurzelt. Die Liste der einundvierzig teilweise prominenten, zu einem erheblichen Teil aber auch ganz unbekannten Männernamen verbindet sich am Ende mit dem der Maria, der Mutter Jesu. Als Braut des Joseph heiratet sie die komplette Geschichte ihres Volkes – mit allen Höhen und Tiefen. Diese Kombination ist aufregend genug; doch Matthäus hat vier weitere Frauennamen in den Stammbaum eingefügt.

Es sind Frauen, die außerhalb der strengen dogmatischen Normen Alt-Israels stehen, und die auch heute überwiegend erhebliche Probleme hätten, gesellschaftlich akzeptiert zu werden. *Thamar*, eine kinderlose Witwe, verführt, als Prostituierte verkleidet, ihren Schwiegervater Juda, einen der Söhne Jakobs. *Rut* ist ebenfalls Witwe und wie Thamar, die Kanaanäerin, eine Ausländerin. Sie ist aus dem Nachbarland Moab in die Fremde, nach Bethlehem, ausgewandert und wird dort durch Heirat zur Urgroßmutter König Davids. Die Dritte im Bunde ist eine Ehebrecherin:

Bathseba, Frau des Hethiters Uria, den David ermorden ließ, um das mit der Schönen ehebrecherisch gezeugte Kind zu legitimieren. Die Vierte im Bunde ist die uns schon bekannte Kanaanäerin *Rahab,* eine Prostituierte.

Warum fügte Matthäus diese vier keineswegs »stubenreinen« Frauennamen in seinen Männerkatalog ein? Gottes Weg in der Geschichte, so müssen wir schließen, ist nicht aus einem Lehrbuch der Dogmatik abzulesen, sondern besteht aus unerwarteten Umwegen. Mit den Namen der vier offenbar beispielhaften Frauen sind Geschichten von Mut und List, von Selbstständigkeit und Extravaganz verbunden. Die vier Ahnfrauen Jesu stehen für einen Gott der Menschlichkeit, der Liebe, der Toleranz und Lebensfreude. In ihren Lebensgeschichten finden sie Wege aus der Enge der geltenden religiösen Normen und ihrer strengen Moral.

Nichts war der priesterlichen Religion Alt-Israels anstößiger als Vermischung: Israel macht sich mit den anderen Völkern nicht gemein und vermischt sich nicht mit ihnen, erst recht nicht mit ihren religiösen Praktiken! Israels Monotheismus lebte – wie der spätere christliche und islamische – von der strikten Abgrenzung gegen »fremde«, »heidnische« religiöse Lebenspraktiken –, eine Abgrenzung, die Religionskriege und oft eine barbarische, menschenverachtende Gesetzgebung bis hin zur Inquisition zur Konsequenz hatte und hat.

Dieser Monotheismus praktiziert eine rigorose Moral der Reinheit und zwar in starkem Maße auf Kosten der Frauen. Denn die Wächter über reinen Glauben und tugendhafte Moral waren allemal Männer. Wenn »Vermischung« das Grundproblem der Reinheit ist, dann müssen bestimmte Lebensbereiche besonders scharf kontrolliert werden: Das Essen und die Sexualität, also gerade die Lebensbereiche, in denen es fundamental um das körperliche Leben geht. So werden strenge Nahrungsvorschriften mit bestimmten Tabus durchgesetzt. Und die Sexualität wird, vor allem im Christentum, zu einer heiklen und peinlichen Angelegenheit, kommt hier doch niemand an »Vermischung« vorbei. Bekanntlich wurde dieses Problem den Frauen in die Schuhe – soll ich sagen: unter die Röcke? – geschoben, galten sie doch als die großen Verführerinnen.

Die vier Frauennamen, also Thamar, Rahab, Rut, Bathseba, sind so etwas wie Kuckuckseier, die Matthäus seinem Stammbaum Jesu eingefügt hat. Sie besagen: Die Wurzeln des Messias sind universal, wie auch seine

Botschaft universal sein wird. Die Grenzen der Herkunft, des Stammes, der Nation sind durchlässig. Was zählt, ist das Menschsein, nicht das Sein als Mann, als Kanaanäer, Jude, Moabiterin. Schon der Ausgangspunkt des Stammbaums, Erzvater Abraham, ist eine ökumenische Größe, gilt er doch Juden, Christen und Moslems gemeinsam als Vater des Glaubens. Religiöse Alleinvertretungsansprüche haben, bei allem Respekt vor der leidenschaftlichen Hingabe und der Wahrheitssuche in den Religionen, etwas Lächerliches an sich. Das gilt auch für vorgebliche moralische Überlegenheit. Wenn der Messias Ehebrecherinnen und eine Hure als Vorfahrinnen hat, wenn Jesus Prostituierten als Menschen begegnete, anstatt sie zu einem Stück Dreck zu deklassieren, dann zeigt das, wie weit die Christenheit, die sich auf ihn beruft, von seiner Menschlichkeit, Offenheit und heilenden Kraft immer noch entfernt ist. Prostitution mag seit Jahrtausenden ein ebenso ungelöstes Problem sein wie das Problem der Gewalt. Und wenn es ein moralisches Problem ist, dann doch wohl das der Männer, die die sexuelle Dienstleistung einer Frau kaufen. Wer sieht hinter der Prostituierten, auch hinter dem Strichjungen, den Menschen? Welch qualvoller Weg war es, bis Prostituierten das Recht auf soziale Sicherheit, also auf Sozial- und Krankenversicherung, zugestanden wurde.

Die Hure und der Messias – Rahab als Ahnfrau Jesu ist ein leuchtendes Beispiel für Mut und Menschlichkeit ohne Respekt für scheinbar ewige Grenzen. Nicht nur Matthäus, auch andere Schriften im Neuen Testament malen mit am Heiligenschein für die Hure von Jericho: Der Jakobusbrief lobt ihre tapfere Tat (Jak 2,25), und im Brief an die Hebräer wird ihr vertrauensvoller Glaube herausgestellt, der sie zur freundlichen Aufnahme der Spione führte. Im gnadenlosen Krieg der Männer, jenseits der Ideen von Eroberung und Herrschaft und Reinheit, gelingt es Rahab, sich und ihre Familie zu retten. Ihr geht es um das Leben, dieses so kurze und so kostbare, herrliche Leben.

Rahab, die am Rande stand

Predigt für zwei Sprechrollen zu Matthäus 1,1–16 und Josua 2,1–24

Rainer Heimburger

P 1 – Matthäus:
Lesung Matthäus 1,1–16

P 2:
»Der war ein Sohn, der war ein Sohn, der war ein Sohn –
der zeugte den, der zeugte den, der zeugte den –
So schleppt sich's fort in trägem Leierton,
bis tote Namen wirr im Hirn sich drehn ...«
So dichtete Friedrich Sallet zu den Stammbäumen Jesu im Matthäus-
und im Lukasevangelium. Ich kann ihn gut verstehen. Der Stammbaum
Jesu, den du, Matthäus, aufgeschrieben hast, schleppt sich wirklich »fort
in trägem Leierton«.
Was soll das? Warum langweilst du uns so, Matthäus? Was willst du uns
damit erzählen? Du verfolgst doch eine Absicht mit dieser ellenlangen
Aufzählung »der zeugte den, der zeugte den, der zeugte den«.

P 1 – Matthäus:
Natürlich verfolge ich eine Absicht damit. Für euch heute ist das nicht
mehr so wichtig, von wem Jesus abstammte. Aber damals habe ich mein
Evangelium ja nicht für euch geschrieben. Für mein Volk – für Juden
war es einmal bestimmt. Und denen wollte ich zeigen: Dieser Jesus ist
nicht irgendwer. Er stammt von Abraham ab und von David, so wie es
die Propheten angekündigt haben.

P 2:
Illustre und berühmte Männer zählst du auf, Matthäus. Aber eines fällt
mir auf. Du nennst auch vier Frauen: Thamar, Rahab, Ruth, Bathseba.
Ich hab mal in meiner Bibel nachgeschlagen. Die Geschichten, die von
ihnen erzählt werden, sind, ... na sagen wir mal, nicht gerade jugendfrei.
Mit denen würde ich in meinem Stammbaum nicht gerade angeben.
Matthäus, warum denn ausgerechnet diese vier?

P 1 – Matthäus:

Das haben sie mich damals schon gefragt. Warum denn ausgerechnet diese vier zwielichtigen Ausländerinnen – keine von ihnen gehörte ursprünglich zum jüdischen Volk. Warum nennst du nicht Sara, oder Rebekka oder Rahel, die großen jüdischen Frauengestalten, auf die wir so stolz sind?

P 2:

Ja, warum denn nicht?

P 1 – Matthäus:

Darum nicht, weil ich euch daran erinnern will, dass Gott immer wieder ganz unerwartete Wege geht. Darum nicht, weil ich euch zeigen will: Gott sucht nicht nur die Gerechten und Frommen, sondern er liebt jeden und er braucht jeden.

Auch so eine zwielichtige Gestalt wie die Rahab.

Ja, die Rahab. Eigentlich mag ich sie und ihre Geschichte von den vier Frauen am liebsten.

P 2:

Lesung: Josua 2

Ich sehe die beiden jungen Männer vor mir. Im Gedränge der Händler mit ihren voll bepackten Eseln, mitten unter den Bauern, die ein paar Ziegen zum Markt treiben und Frauen, die ihr Gemüse in großen Körben auf dem Kopf zum Markt tragen ... Und mitten drin, als gehörten sie dazu, schmuggeln sich die zwei Kundschafter durch das bewachte Stadttor von Jericho. Als wären sie zum Markt gekommen, mustern sie hier eine Ziege, nehmen da ein paar Zwiebeln in die Hand, fragen nach dem Preis der Gerste. Und unauffällig mustern sie die Soldaten am Tor. Sie schätzen ab: Wie stark sind die Befestigungen? Gibt es eine Schwachstelle?

Und dann setzen sie sich in eine Ecke in der Nähe des Stadttores und ziehen Bilanz.

Aber die fällt niederschmetternd aus: Das schaffen wir nie! Wie sollen wir eine Stadt erobern, die so gewaltige Mauern hat? So sitzen sie trübsinnig da und warten auf das Ende des Marktes, um wieder unerkannt aus der Stadt zu kommen.

Da fällt ihr Blick auf das Haus gegenüber. Eine rote Schnur hängt am

Eingang, so wie noch heute rote Laternen oder rote Gardinen vergleichbare Etablissements kennzeichnen. Die Einladung ist eindeutig. Warum dieses Vergnügen nicht mitnehmen?, denken sie. Also treten sie ein. Aus den Kundschaftern wird Kundschaft für die Hure Rahab.

Aber irgendjemand muss sie erkannt haben. Man hat sie zu Rahab hineingehen sehen und gibt der Stadtwache einen Tipp: Schaut mal im Bordell bei der Rahab nach. Da treiben sich zwei verdächtige Typen rum; sind vielleicht Spione.

Und auch Rahab hat sie erkannt. Und jetzt nimmt die Geschichte eine unerwartete Wendung.

Als die Stadtwache gegen die Haustür poltert, versteckt sie die beiden Spione. Geschickt lockt sie die Verfolger auf eine falsche Fährte. Dann nimmt sie den Kundschaftern das Versprechen ab, sie und ihre Familie zu verschonen, wenn die Israeliten Jericho erobern. Und dann seilt sie die beiden im Morgengrauen über die Stadtmauer ab. Warum hat Rahab das getan? Warum hat sie ihre Heimatstadt verraten? Warum hat sie damals alle Bindungen an Jericho abgebrochen?

P 1 – Matthäus:

Warum sie das getan hat? Ich ahne es. Ja, Rahab gehörte dazu in Jericho. Aber manchmal nur, damit man jemand hat, auf den man mit Fingern zeigen kann. Sie nannten ihr Haus das »Freudenhaus« – aber ob ihr ihre Arbeit Freude bereitete, das fragte keiner.

Hat sie ihre Arbeit gern getan? Oder blieb ihr nichts anderes übrig, als sich und ihren Körper zu verkaufen, damit sie ihre Familie ernähren konnte? Ich weiß es nicht.

Aber dann kamen eines Tages diese Männer zu ihr ins Haus. Rahab brauchte nicht lange, um herauszukriegen, wer sie waren.

Sie hatte von den Israeliten gehört. Wie sollte sie nicht? Über nichts anderes sprach man in den letzten Wochen und Monaten in Jericho.

Von den märchenhaften Wundern, die scheinbar mit diesem Volk passiert waren, als es aus Ägypten auszog. Ägyptische Kaufleute hatten davon erzählt. Und noch immer schüttelten sie beim Erzählen fassungslos den Kopf. Und Sihon und Og, die beiden Amoriterkönige, die sich ihnen mit ihren gefürchteten Truppen in den Weg stellten, waren einfach weggefegt worden. Stand nicht Gott auf der Seite Israels?

Aber das war nicht das Entscheidende, das sie an diesem Volk und seinem Gott zu faszinieren begann. Auch die Amoriter und die Ammoniter hatten ihren Göttern für ihre Siege auf dem Schlachtfeld gedankt. Unsere Götter haben uns den Sieg geschenkt, sagten sie.

Aber eigentlich wusste jeder: Es waren Siege, die sie ihren großen und gut trainierten Heeren und dem Geschick ihrer Generäle verdankten. Aber hier, bei den Israeliten, hatte sich ein Gott auf die Seite von schwachen Außenseitern gestellt. Wer war dieses Völkchen? Eigentlich nichts. Ein paar tausend Leute im Millionenreich der Ägypter. Geknechtet, ausgebeutet, wehrlos.

Ein Gott, der sich auf die Seite der Schwachen, auf die Seite der Außenseiter stellt. Das ließ Rahab aufhorchen. Sie war auch eine von denen, die am Rande stehen.

Und sie erkannte ihre Chance. Sie half den Kundschaftern. Und bevor sie sie im Morgengrauen über die Mauer abseilte, bat sie: Lasst mich dazugehören. Lasst mich dazugehören zu eurem Volk und zu eurem Gott.

Es war nicht nur der Wunsch, auf der Seite der Sieger zu stehen. Es war die Sehnsucht, zu einem Gott zu gehören, der die Schwachen und Außenseiter nicht übersieht.

Ich liebe diese Geschichte von Rahab, weil es irgendwie auch meine Geschichte, die Geschichte des Zöllners Matthäus ist.

Ich erinnere mich, als wäre es erst gestern geschehen. Wie jeden Tag saß ich am Zoll und luchste den Leuten die Weggebühren und die Einfuhrzölle für ihre Waren ab. Ich verdiente gut. Und trotzdem: Glücklich war ich dabei eigentlich nicht. Hier war zwar mein Zuhause. Aber irgendwie war ich immer außen vor.

Ich wusste, wie die Leute über mich tuschelten, wenn sie sich außer Hörweite glaubten. »Verräter, Römerfreund, Betrüger« zischelte es manchmal bis an mein Ohr. Ich spürte es ja förmlich, wie sie mit Fingern auf mich zeigten, wenn ich ihnen den Rücken zukehrte.

Und dann kam eines Tages Jesus. Ich hatte von ihm gehört. Ich hatte gehört, wie er sich den Kleinen und Außenseitern zuwandte. Ich hatte auch von seinen Wundern gehört.

Er schaute mir eine Weile zu. Dann kam er zu mir und lud mich ein: Matthäus, komm, lass das, folge mir nach!

Es war die Chance meines Lebens. Es war die Möglichkeit, noch einmal von vorne zu beginnen. Ganz neu und unbelastet von meiner dunklen Vergangenheit.

Ich habe diese Chance ergriffen; so wie Rahab.

Weil ich merkte: Dieser Gott, für den Jesus einsteht, dieser Gott, sucht nicht nur die Frommen. Er sucht auch mich, gerade mich, den Außenseiter, den, der Dreck am Stecken hat, weiß Gott. Dieser Gott liebt mich trotzdem.

Deshalb liebe ich diese Geschichte. Es ist auch meine Geschichte.

Josua 3 und 4 oder Das Geheimnis des Llano estacado

Bildpredigt

Hartmut Winde

Bei dem folgenden Text handelt es sich nicht um eine Predigt aus einem Gottesdienst. Trotzdem möchte ich ihn als Predigt und gottesdienstlich verstanden wissen. Denn er dokumentiert den Versuch, kaum noch als religiös erkannte Zeichen und Kontexte in der bildenden Kunst aus der gesellschaftlichen Vergesslichkeit wieder hervorzuholen und darzustellen, sozusagen in dialektischer Umkehrung der Forderung Bonhoeffers: »Man kann nicht Gott und Wunder voneinander trennen (wie Bultmann meint), aber man muss beide ›nicht-religiös‹ interpretieren und verkündigen können.«[1] Mein Termin war die Zeit des Gottesdienstes an einem Sonntagvormittag, der Ort jedoch in einem Kunstmuseum, d. h. dort, wohin mit sinnsuchenden Erwartungen viele gern und immer wieder gehen, gerade auch jene, die sich aus den Kirchen längst verabschiedet haben. Der Text ist die Nachschrift einer von mehreren Bildbetrachtungen während meiner öffentlichen Führung durch die Ausstellung »Monets Vermächtnis: Serie – Ordnung und Obsession« in der »Galerie der Gegenwart« der Hamburger Kunsthalle am 6. 1. 2002. Folglich steht auch die Frage nach dem Verständnis des Bildes im Vordergrund und nicht, wie üblich, ein biblischer Text, für den das Bild dann allenfalls die Illustration zu liefern hätte.

Was vor Augen ist

Den in der Regel leeren Lichthof der Galerie verstellen auf einer Fläche von 7,50 mal 7,50 Metern, hochkant und in präzise gleichen Abständen, 81 gleich große Quader aus dem Holz der amerikanischen Roten Zeder. Jeder Quader ist 91,5 cm hoch und im Querschnitt 30,5 cm im Quadrat. Man kann um das quadratische Feld der 9 x 9 Hölzer außen herumgehen, man kann es auch durchschreiten bzw. sich darin aufhalten. Spu-

1 Dietrich Bonhoeffer, Brief. v. 5. 5. 44 aus E. Bethge, Hrsg. »Widerstand und Ergebung«.

ren einer künstlerischen Bearbeitung der Hölzer sind nicht zu erkennen. Man darf vermuten, dass sie so geblieben sind, wie sie einmal aus dem Sägewerk kamen, abgesehen von den Rissen, die bei einigen mit der Zeit entstanden sind.

Foto: Elke Walford, Hamburg

Carl Andre, der Urheber der Bildidee (1935 in Massachusetts, USA, geboren), legt nicht selber Hand an, wie man künstlerische Arbeit gern als zugleich handwerklich versteht, sondern er übermittelt seine Anweisungen schriftlich und per Telefon arbeitsteilig meist an andere. Denn er bevorzugt klare geometrische Formen (lexikalisches Stichwort: Minimal art), und das Handwerkliche können heute Firmen mit computergesteuerten Maschinen viel besser und genauer leisten als ein Einzelner mit seinen Händen. Ja, die Verweigerung einer persönlichen Handschrift, die einem Kunstwerk sonst seinen unverwechselbaren Charakter verleiht, ist geradezu typisch für diese Richtung der Kunstproduktion (lexikalisches Stichwort: Concept art). Auch für Ausstellungen werden ggf. lediglich Arbeitsskizzen oder Vorschläge geliefert, die dann vom Aussteller entweder getreu umgesetzt werden, oder aber vom Besucher rein gedanklich nachzuvollziehen sind.

Ach, so einer ist unser Künstler! Sind Sie enttäuscht? Bitte äußern Sie pro und contra! Verlegenes Lächeln. – »Immerhin ist hier etwas zu sehen, spielt sich also nicht bloß in unseren Köpfen ab.« – »Aber was soll's?, frage ich mich schon die ganze Zeit.« – »Ich kenne die neue Abteilung der Kunsthalle seit ihrer Eröffnung und finde, jetzt ist der Lichthof erst komplett.« – Wieso? – »Diese Installation fügt sich gut ein in die streng geometrische Architektur.« ... »Die strenge Ordnung der Hölzer bringt Ruhe in den Hof, den man sonst nur quatschend durchquert.« – »Etwas Feierliches liegt in dem Ganzen.« – »Ist es das, was der Künstler erreichen wollte?«

Was zu denken gibt

Zum Glück brauchen wir in unserer Betrachtung nicht bei der Herstellungsfrage und dem äußeren Erscheinungsbild der Teile und des Ganzen stehen zu bleiben. Carl Andre hat seinem Feld einen Titel gegeben, der es uns ermöglicht, gewissermaßen in das Innere des Erscheinungsbildes zu schauen und Hintergründe zu erfahren. Der Titel lautet »Llano estacado«, zu deutsch: abgesteckte, markierte Ebene. Ein Gebiet im Nordwesten von Texas, USA, heißt so. Heute landwirtschaftlich und industriell erschlossen, war es einst, z. Zt. der spanischen Eroberer, ein derart unwegsames Gelände, dass Reisende sich hoffnungslos verirren konnten. Darum musste der Weg durch Orientierungsmarken, nämlich in den Boden gerammte Holzpfähle gekennzeichnet werden. Inzwischen wird bei uns Karl May wieder gelesen und erzielt neue Auflagen. In dem Band »Unter Geiern« ist auch die Erzählung »Der Geist des Llano estacado« enthalten. Sie beschreibt, wie Schurken durch Umstecken der Wegmarkierungen ganze Handelskarawanen in die Falle locken, um sie auszurauben.

Carl Andre hat sicher nicht Karl May gelesen. Ihn interessierte noch nicht einmal die mit dem Namen gegebene Bedeutung, dass es sich um die Markierung eines Weges durch eine Wildnis handelte. Ihn interessierte, dass auf dem Llano estacado die zwei letzten Entscheidungsschlachten stattfanden, in denen die neuen bleichgesichtigen Herren des Landes die aufständischen Indianer, die kein Eigentumsrecht an Grund und Boden kennen oder anerkennen, für immer besiegten. Die Vorstellung eines zum Überleben abgesteckten Weges wurde zur Darstellung eines Platzes, der an verlorenes Leben erinnert.

Konsequent hat Carl Andre seine Bildidee auch für Ausstellungen an anderen historisch belasteten Orten eingesetzt, in unterschiedlicher Größenordnung, den jeweiligen Räumen entsprechend: an Stätten des amerikanischen Bürgerkriegs, an Stätten der beiden Weltkriege in Europa. Wenn ich das so sage, stellen sich vermutlich bei Ihnen Bilder der unzähligen Gräberreihen von Soldatenfriedhöfen ein. Carl Andre selbst soll in dem Zusammenhang die furchtbaren Schlachtordnungen des 18. Jahrhunderts erwähnt haben, als die Soldaten in breiter Front in Reih und Glied dem Feind entgegenzumarschieren, zu stehen, zu schießen und zu sterben hatten.

Bestürzt fragen wir uns: Hat etwa diese doch irgendwie schöne Installation in der Hamburger Kunsthalle ebenfalls einen konkreten kriegerischen, mörderischen oder sonstigen fatalen Hintergrund? Carl Andre hat nichts dergleichen verlauten lassen. Ich wage aber einmal eine Vermutung. Durch eine jahrelange parlamentarische und nationale Diskussion ist ja ein bestimmtes Erinnerungsfeld etwa dieser Art schon längst in unser aller Köpfen: die in Bau befindliche Beton-Stelen-Landschaft des nationalen Holocaust-Denkmals beim Brandenburger Tor in Berlin. Der mehrfach revidierte Entwurf des amerikanischen Architekten Peter David Eisenmann, ursprünglich zusammen mit dem amerikanischen Bildhauer Richard Serra entwickelt, könnte durch Carl Andre's wiederholte Llano-estacado-Installationen – die erste entstand bereits 1979 – angeregt sein.

An dieser Stelle möchte ich noch einen vierten Künstler nennen. In den Jahren 1982–85 hat Joseph Beuys Stelenfelder veranlasst, und zwar aus grob gehauenen, länglichen Basaltsteinen, allerdings nicht aufrecht wie hier, sondern übereinander und kreuz und quer in den Raum geworfen, ebenfalls an verschiedenen Orten in jeweils verschiedener Menge. »Das Ende des 20. Jahrhunderts« – so der dunkle Titel. Aber alle Steine tragen ein Kainszeichen der Hoffnung, nämlich ein trichterförmiges Loch, in das der ausgefräste Kegel zusammen mit Ton und Filz wieder eingesetzt ist, die Anmutung einer Reliquie in mittelalterlichen Stein- und Holzfiguren. Zeitgleich mit diesen Stelen-Haufen »Das Ende des 20. Jahrhunderts« entstanden die Basalt-Stelen für das Projekt zur Dokumenta 7/1982 mit dem Arbeitstitel »Stadtverwaldung 7000 Eichen für Kassel«. Jede gepflanzte Eiche erhielt einen Basalt miteingegraben, als Geburtsurkunde sozusagen.

Was uns unbedingt angeht[2]

In der schier unüberschaubaren Vielfalt der Weltkunst unserer Zeit begegnet das Element der Stele, und es scheint weder bei den Künstlern noch in der Öffentlichkeit, in der sie ihre Idee entwickeln, ein Zweifel darüber zu bestehen, dass die Stele Erinnerung symbolisiert, und zwar ein Memento, nicht nur für ein einzelnes Grab, wie man es hin und wieder auf Friedhöfen sehen kann, sondern ebenso für geschichtliche Ereignisse, nach denen eigentlich nichts mehr so sein dürfte wie zuvor, wie man es nach dem Ende der nationalsozialistischen Diktatur gesagt hat und auch nach dem Terror-Anschlag auf das World Trade Center in New York am 11. September 2001. Wie kommt es zu dieser allgemeinen Selbstverständlichkeit eines Symbols der Erinnerung?

Man könnte jetzt eine kulturgeschichtliche Zeitreise über alle Epochen, auch über die Antike, zurück bis in archaische Gesellschaften unternehmen. Wir haben den Stein, die Stele, den Obelisken offenbar im Symbolarsenal unseres menschlichen kollektiven Gedächtnisses, sozusagen als Signal: Halt, hier war etwas! Der Ort ist tabu, ist heilig. Hier haben Menschen Außerordentliches erlebt. Hier hat Gott auf seine sprachlose Weise gesprochen.

Bekannt ist aus der Bibel die Geschichte von Jakob und seinem Traum der Himmelsleiter (Gen 28,10 ff.). »Als Jakob von seinem Traum erwachte, sprach er: ›Wie heilig ist diese Stätte! Hier ist wahrhaftig Gottes Haus, die Pforte des Himmels.‹ Und er nahm den Stein, auf dem sein Kopf geruht hatte, richtete ihn als Steinmal auf, goss Öl darüber und gab der Stätte den Namen Beth-El (Haus Gottes).«

Weniger bekannt, aber für unser Verstehen ebenso wichtig ist die biblische Geschichte, wie das antike Israel nach dem Exodus aus Ägypten unter der Führung Josuas das Land Palästina einnahm und durch den Jordan zog. Eine Parallel-Darstellung zu der berühmten Erzählung von der Durchquerung des Schilfmeers unter Mose's Führung. Ich lese in Kurzfassung Josua 3 und 4:

»Josua und das ganze Volk Israel gelangten bis zum Jordan. Und Josua sprach zu den Priestern: ›Nehmt den Schrein des Bundes auf eure Schultern und geht hindurch, dem Volk voran!‹ Und als

---

2 Ich gebrauche diese Schlüsselformulierung Paul Tillichs, die in allgemeiner, säkularer Form eine persönliche religiöse Entschiedenheit umschreibt, nur in Anlehnung. Sie meint also viel mehr, als hier ausgeführt werden kann. Vgl. »Was uns unbedingt angeht«, Predigt zu Lk 10,38–49 aus: Paul Tillich, »Das neue Sein« Religiöse Reden, 2. Folge, Stuttgart 1959, Seite 144 ff.

die Priester in das Wasser traten, stand die Strömung still. Mitten im Jordan standen sie auf trockenem Boden, fest und sicher, während ganz Israel auf trockenem Boden an ihnen vorbei zum anderen Ufer zog. Und Josua rief zwölf Männer, aus jedem Stamm des Volkes einen, und sagte zu ihnen: ›Jeder von euch nehme einen der großen Steine auf, wo die Füße der Priester fest und sicher im Flussbett stehen! Sie sollen zur Erinnerung bis in fernste Zeiten dienen.‹ Dann rief er den Priestern zu: ›Steigt mit dem Schrein des Bundes aus dem Flussbett ans Ufer!‹ Kaum waren sie an Land, kamen die Wasser wieder. Josua aber ließ die zwölf Gedenksteine in Gilgal, östlich der Stadt Jericho im Westjordanland aufstellen. Und er sprach zu Israel: ›Wenn eure Kinder später fragen: Was bedeuten diese Steine?, so sollt ihr ihnen sagen: Israel ging auf trockenem Boden durch den Jordan.‹«

Vom Llano estacado zu den verschwundenen Jordan-Megalithen bei Jericho. Wir gehen weiter.

Wenn das Brot nicht mehr reicht

Zum Buch Rut

Annette Bruse

Die Predigt wurde gehalten im Abschlussgottesdienst einer MitarbeiterInnenfortbildung zum Buch Rut (das gesamte Buch wurde durchgearbeitet) im Kloster Frenswegen, August 2002.

Wenn das Brot nicht mehr reicht im Haus des Brotes, muss man fortziehen aus dem Haus des Brotes, aus Bethlehem. Der Hunger trieb und treibt Menschen fort aus der Heimat, weg von allen vertrauten Menschen, den Klängen, Bildern und Gerüchen, die ein Zuhause ausmachen. Die vertrauten Menschen, der Klang der eigenen Sprache, die eigene Lebensgeschichte, die jede und jeder kennt, Gemeinschaft in der Religion der Väter und Mütter, all das lassen Naomi, Elimelech und ihre beiden Söhne zurück. Ihr Ziel – ein als feindlich betrachtetes Land Moab: Allein die Möglichkeit, satt zu werden, zählt.

Das nackte Leben und Überleben ist wichtiger als alles andere. Satt werden im fremden Land, nicht fragen, wie es der Seele geht, welche Gedanken der Geist sich macht über den Sinn und die Zukunft. Und doch handeln und doch leben wollen und doch Gott Segen abringen. Der Vater stirbt. Wieder eine neue Gefahr für das Überleben. Die Söhne Machlon und Kiljon, sie sind erwachsen. Frauen müssen in der Fremde gesucht und gefunden werden, auch wenn die Religion dieses wohl nicht gerade empfiehlt. Hat der Gott Israels für Notzeiten nicht immer wieder Ausnahmen gestattet? Um des Lebens willen. So muss es auch hier sein. Die Söhne Naomis heiraten Rut und Orpa, Hoffnung für das Leben von Naomi, auch im Alter durch Kinder und Enkel versorgt zu sein. Aber bedroht ist das Leben, bedroht durch den Tod. Er zerreißt Hoffnungen auf Zukunft und Leben. Naomi ist nach damaliger Lebenssituation am Ende. Nach dem Tod ihrer beiden Söhne ist sie eine unglücklich Überlebende ohne Familie, ohne Trost und wieder einmal ohne Brot. Ihr Elend und ihre Aussichtslosigkeit werden im biblischen Text nicht beschönigt.

Sie hat die Größe, andere nicht mit hineinzuziehen in ihre Geschichte der Zukunftslosigkeit und der Brotlosigkeit. Deshalb ermutigt sie ihre Schwiegertöchter, sich dem Leben zuzuwenden, in ihrem Land, in ihren sozialen Bezügen für ihre Zukunft zu sorgen. Orpa sieht die Notwendigkeit eines Zurückgehens ins Haus ihrer Mutter, zu ihrer Familie. Rut dagegen, diese eigensinnige Moabiterin, hängt sich mit aller Macht an die Schwiegermutter. Ja, selbst der Gedanke, mit ihr in deren Heimat, die für Rut das Unbekannte, die Fremde ist, zu ziehen, hält sie nicht ab. Dass eine Frau so für die andere einsteht, eine jüngere für die ältere, eine aus dem Feindesland für die Jüdin, eine Schwiegertochter für die Mutter ihres verstorbenen Mannes – all das ist besonders, einzigartig, erzählenswert. Aus solch einem Teilen von Lasten, aus solch einem Willen, gemeinsam zu leben und zu überleben, macht Gott Geschichte, die Geschichte seines Volkes.

Rut und Naomi, Naomi und Rut kehren zurück und neu ein in Bethlehem, ins Haus des Brotes. Beide wieder auf der Suche nach Brot. Keine Arbeit ist Rut zu schwer, um für ihre Schwiegermutter zu sorgen. Sie geht aufs Feld zum Ährenlesen vom Sonnenaufgang bis zum Sonnenuntergang. Ihr Fleiß, ihr Einstehen für Naomi und vielleicht ihre Schönheit fallen Boas auf, einem der Männer, der Naomis Erbe auslösen und die beiden Frauen versorgen kann. Ja, er ist auch noch jung genug, um durch die Zeugung eines Sohnes den Erhalt der Familie, das Fortleben, das Überleben zu sichern. Sein Herz für Rut, seine Bereitschaft, für beide Frauen zu sorgen, Rut und damit auch Naomi einen Erben zu schenken, wächst mit der Gersten- und Weizenernte. Als Mann seiner Zeit hat er all die Möglichkeiten, die den beiden Frauen fehlen. Er kann satt machen, denn er hat genug Korn, er bietet ein Dach über dem Kopf, ein behagliches Zuhause für die alte und die zukünftige Generation. Gott handelt durch Menschen, er nutzt deren Möglichkeiten, Kräfte und Vermögen, um sozial Schwächeren zu helfen. Er bringt den mächtigen Boas in Bewegung durch eine moabitische, mutige, zu allem entschlossene junge Frau. Das Leben und Überleben sind wichtiger als alles andere. Diese Liebe auf der Tenne mit ihren verborgenen Wegen, den folgenden Rechtsverhandlungen im Tor, all das sind seine Wege, Menschen zum Handeln zu bringen. Es geht nicht um ein kurzes romantisches Gefühl, nicht um Selbstdarstellung und die Bestätigung des Einzelnen. Miteinander ist gefragt, mutig füreinander einstehen, schwere Zeiten durchleben und nicht aufgeben. So und nicht anders ist die Geschichte seines Volkes. So und nicht anders sind die Menschen, die dieses Volk ausmachen, Juden und eingeheiratete Fremde. Eine lange Kette des Heils und des Heilwerdens von Menschen. Jede und jeder, der mutig für einen oder mehrere andere Menschen einsteht, mutig dafür etwas riskiert und treu für andere sorgt, hat seinen Platz in Gottes Plan. Das galt für Naomi, Rut und Boas, das gilt für Sie und für mich.

Engel begleiten uns

Text: 1. Könige 19,1–8

Christiane Borchers

Glauben Sie an Engel? – Glauben Sie, dass Engel auch in unserer Zeit Menschen beschützen und bewahren in Not und Gefahr?
Wo Engel sind, sind wir behütet. Wo Engel sind, kann nichts passieren. Wo Engel sind, ist Gott nicht fern. Sie sind seine Werkzeuge, sie handeln im Auftrag Gottes.
Schön, die Vorstellung vom Wesen und Wirken der Engel. – Aber gibt es sie wirklich? – Oder sind sie bloß fromme Einbildung, die mit der Wirklichkeit nichts zu tun haben? – Der Prophet Elia hat eine Engelsbegegnung gehabt. Er wird aufgerüttelt von ihm. In auswegloser Situation, dem Tod nahe, tritt ein Engel auf den Plan und holt ihn zurück ins Leben.

Was ist geschehen? – Elia ist auf der Flucht vor der Königin Isebel. Es war zu offenem Streit gekommen zwischen ihren Priestern, die den Wettergott Baal verehrten, und den Priestern des Gottes Israels. Auf dem Karmel, dem heiligen Berg, sollte sich zeigen, wer der wahre Gott sei.

Ein Brandopfer sollte vollzogen werden. Von Priesterhand sollte kein Feuer entzündet werden, das blieb den Göttern überlassen. Welcher Gott mit Feuer antworten würde, der sollte als der wahre Gott gelten.

Zwei Stiere wurden gebracht, zwei Altäre errichtet. Die Baalpriester begannen, ihren Gott anzurufen. Sie beteten und tanzten. Aber nichts geschah. Sie riefen lauter, flehten, Baal möge sie erhören, sie gerieten in Verzückung, aber nichts geschah. So sehr sie sich auch mühten, Baal antwortete nicht. Elia verspottete sie: »Ihr müsst lauter rufen, Baal hört euch nicht, er schläft wohl gerade. Er muss aufgeweckt werden.« Alles Rufen und Flehen half nichts. Schließlich mussten sie aufgeben. Ihr Gott hatte kein Feuer entfacht.

Nun war Elia an der Reihe. Er kniete nieder und betete in der Stille. Kaum hatte er sein Gebet beendet, fiel Feuer vom Himmel und entzündete das Brandopfer.

Gott hatte seine Macht gezeigt und das Volk glaubte an ihn.

Elia, voller Eifer für den Herrn, nutzte die Gunst der Stunde, rief seine Leute und brachte mit ihrer Hilfe alle 450 Baalpriester mit dem Schwert um. Ein grausiges Schauspiel, das da vor sich ging. Das Messen um göttliche Wahrhaftigkeit endet mit einem Blutbad.

Elia hatte sich selbst in eine schwierige Lage gebracht. Glaubte er denn wirklich, es würde ohne Folgen bleiben, wenn er die Priester der gegnerischen Religion tötete? – Hatte er auch nur einen einzigen Augenblick angenommen, dass die Königin Isebel diese Taten ungesühnt lassen würde? Isebel ließ ihn wissen, dass sie sich rächen und ihn töten werde.

Eben noch im Hochgefühl seines Sieges, ist er jetzt auf der Flucht. Mitleid kann man mit ihm eigentlich nicht haben. Er hat es nicht besser verdient. Niemand darf einen anderen Menschen töten. Du sollst nicht töten, dieses Gebot gilt auch für ihn. Dieses Gebot wird selbst dann nicht aufgehoben, wenn es um die Glaubwürdigkeit Gottes geht. Nun fürchtet Elia sich und läuft um sein Leben. *Selbst Schuld*, möchten wir sagen.

Er läuft in die Wüste, diesen unwirtlichen und lebensfeindlichen Ort, setzt sich am Abend, erschöpft von der Hitze und der Angst, unter einen Ginsterstrauch und will nur noch sterben. Er kommt zu der Erkenntnis, dass er nicht besser ist als seine Väter und bittet Gott um den Tod. An dieser Stelle wird Elia mir wieder etwas sympathischer. Merkt er, dass er falsch gehandelt hat? Tut es ihm gar Leid, dass er Unrecht getan hat?

Er fühlt sich furchtbar elend, eine große Schwermut bemächtigt sich seiner. Elia steckt in einer Krise. Seinen ganzen Eifer hatte er – Gott und seinem Glauben zuliebe – in einen ehrgeizigen Plan gesteckt. Nun ist alles sinnlos geworden. Sein Lebensgebäude fällt in sich zusammen wie ein Kartenhaus. Er hat sich verrechnet und verstiegen. Ratlosigkeit und Enttäuschung, Trauer und Wut, Angst und Schuld, all diese Stimmungen mischen sich. Er weiß nicht mehr ein noch aus, er ist am Ende. »Es ist genug, Gott, so nimm nun meine Seele.«

Können wir uns in die Situation von Elia hineinversetzen?

Gehen wir mit Elia in die Wüste, schauen wir uns das Bild an, wie er unter dem Ginsterstrauch sitzt. Am Boden hockend, hält er die Hände verzweifelt vors Gesicht. Er wimmert und schreit, schaukelt unruhig hin und her. Er weiß nicht, wohin mit sich. Kein Trost, keine Hoffnung, keine Perspektive, nur Wüste und Sand.

Wie war das, als wir in der Wüste unseres Lebens waren? Als niemand sich zu uns herniederbeugte und uns aufrichtete? Wie war das, als wir allein umherirrten und nicht wussten, wo wir Ruhe finden sollten? Wie war das, als wir uns vertrieben fühlten aus der Nähe eines lieben Menschen? Als die Einsamkeit sich ausbreitete, innere Leere und Ausweglosigkeit von uns Besitz ergriffen?

Die Wüste ist mehr als nur eine sandige, karge Landschaft, in der Wüste spiegelt sich die Einsamkeit wider. Wüste, das ist verloren gegangene Orientierung, Verlorenheit überhaupt.

Da hockt er also, unser Elia, mutterseelenallein und von allen verlassen. Er hat sich vom Leben abgewandt, ist davongelaufen und will nur noch sterben.

Auch wir kennen Situationen, in denen wir am liebsten davonlaufen möchten. Man muss nicht erst so schwere Schuld auf sich geladen haben wie Elia und auf der Flucht sein, um sich hundselend zu fühlen. Es gibt Situationen, in denen plötzlich alles fraglich wird. Pläne scheitern, Erfolge bleiben aus, Beziehungen zerbrechen. Ein Ereignis erschüttert uns von Grund auf. Unser Tatendrang verfliegt. Wir sehen alles düster. Wo vorher Worte sprudelten, ist jetzt Einsilbigkeit. Wir fühlen uns niedergeschlagen, fast wie tot.

Erschöpft schläft Elia ein. Ein gnädiger Schlaf legt sich auf den unglücklichen Propheten, ein Ginsterstrauch spendet ihm Schatten. Der todunglückliche Elia hat ausgerechnet bei einem Überlebenskünstler in der Wüste Zuflucht genommen.

Der Ginsterstrauch kommt in der Sahara und in den Wüsten Israels häufig vor. Seine langen Wurzeln ermöglichen ihm ein Überleben selbst in den trockensten Monaten. Im Ginsterstrauch zeigt sich ein Lebenszeichen. Dieser wird ihm – zusammen mit dem Engel – zum Lebensretter. Die Genesung des Elia erfolgt in mehreren Stufen. Ein Heilschlaf beginnt, aus dem Elia gestärkt erwacht.

Gott sendet einen Engel, der ihn aufrichtet. »Steh auf und iss!«, spricht er und rührt ihn an. Die Berührung ist nicht sanft, wie Engel sonst zu tun pflegen, es ist mehr ein Anstoßen, ein leichtes Anschubsen. *Komm, steh auf, iss, damit du wieder zu Kräften kommst.*

Fürs Erste bekommt Elia gerade die Überlebensration vorgesetzt, etwas Brot und einen Krug mit Wasser. Der Engel leistet hier eine Art erste Hilfe, noch ohne Perspektive und ohne die Aussicht auf ein neues Ziel. Brot und Wasser sind die elementarsten Lebensmittel. Brot und Wasser werden in der Bibel immer dort zusammen genannt, wo es ums nackte Überleben geht. – Elia greift zu, der Prophet, der sich nach dem Tod sehnte, hat sich für das Leben entschieden. Wer isst und trinkt, ist in das irdische Dasein zurückgekehrt. Nachdem er gegessen hat, verfällt er aber zunächst wieder in den Schlaf.

Ein zweites Mal stößt der Engel ihn an und spricht: »Steh auf und iss!« Beim zweiten Anlauf fügt er noch etwas hinzu: »Du hast noch einen weiten Weg vor dir.« Dieses Mal fällt Elia nicht wieder zurück in den Schlaf. Dieses Mal steht er, nachdem er gegessen und getrunken hat, auf. Gestärkt geht er seinen Weg.

Der führt ihn allerdings, nicht wie wir vielleicht vermuten könnten, zurück zu den Menschen und in wirtliche Umgebung, sondern weiter in die Wüste hinein. Der Berg Gottes, der Horeb, ist das Ziel. 40 Tage und 40 Nächte wandert er, gestärkt durch die Kraft der Speise. 40 ist eine symbolische Zahl, die für Vollendung und Reife steht. Elia braucht eine ausreichend lange Wüstenzeit, um wieder zu sich zu kommen und sich wieder ganz dem Leben zu öffnen.

40 Jahre wandert das Volk Israel durch die Wüste,
40 Tage und Nächte bleibt Mose auf dem Berg,

als er die 10 Gebote empfängt,
40 Tage fastet Jesus in der Wüste.
Jedes Mal ist es eine Reise zu sich selbst:
Begegnung mit sich selbst und Begegnung mit Gott ist das Ziel.
Elias Geschichte mag sich mit unseren Lebensgeschichten verknüpfen.
»Steh auf und iss, und geh deinen Weg!«, hatte der Engel gesagt und ihn mit Lebensnotwendigem versorgt. Er bekam Wasser und Brot und Perspektive.
Wo hat uns schon einmal jemand Wasser und Brot gereicht? Wo bekamen wir die Überlebensration, die wir nötig brauchten? Wer gab uns ein neues Ziel, als unsere Hoffnungen schwanden? Wie war das, als wir glaubten, eine Welt bricht zusammen, es ist alles aus, aber jemand kam und half uns auf die Beine und zeigte uns einen neuen Weg?
Engel Gottes sind es, die uns helfen aufzustehen, wenn wir am Boden liegen, wenn uns der Mut fehlt, unseren Weg weiterzugehen. Gottes Boten sind es, die uns anstoßen und aufwecken zum Leben. – Auch heute noch gehen sie zu Menschen und führen sie heraus aus Verzweiflung und Anfechtung. Menschen können uns zu Engeln werden, aber Engel müssen nicht notwendigerweise Menschen sein. Sie sind vornehmlich himmlische Wesen und Gott zugeordnet. Engel begleiten uns auf Wegen, die wir allein nicht gehen können.
Jesus Christus verbürgt sich dafür, dass wir nicht am Boden liegen bleiben. Er ist das Wasser, das gegeben wird, das in die Quelle zum Leben mündet. Er ist das Brot, das gebrochen wird, zum Heil für uns alle.
»Glauben Sie an Engel?«, war die Eingangsfrage. Glauben Sie, dass es sie gibt, dass sie uns schützen und bewahren in Not und Gefahr? – Ja, ich glaube das.
Im Vertrauen auf Jesus Christus sind wir gewiss, dass Gott uns in Wüstenzeiten seinen Engel schickt, der uns aufrichtet und mit Lebensnotwendigem versorgt und uns herausführt aus der Hoffnungslosigkeit. Gestärkt stehen wir auf, verlassen mit Elia den Ginsterstrauch und gehen den Weg ins Leben.

Ohne Gott leben?

Text: Hiob 14,1–6

Kurt Dohm

Aus dem Buch Hiob, Kap 14, Verse 1–6, lese ich die folgenden Verse in einer Übersetzung, die versucht, den poetischen Charakter des Textes wiederzugeben:

Der Erdenmensch, von einem Weib geboren,
ist knapp an Tagen, doch an Unruhe satt.
Der Blume gleich geht er hervor und welket,
flieht wie ein Schatten und bleibt nicht.
Doch über den tust du dein Auge auf
und willst ins Gericht ihn vor dir ziehen.
Gibt es einen Reinen, der nicht unrein wäre?
Auch nicht einen!
Sind fest beschlossen seine Lebenstage
und liegt bei dir die Anzahl seiner Monde,
bestimmst du sein Ziel, das er nicht überschreitet,
so blicke weg von ihm, dass er Ruhe finde,
dass er seiner Tage froh werde wie ein Tagelöhner.

(Vgl.: W. Horst , zitiert bei Peter Welten aus: Neue Calwer Predigthilfen, IV/2, hrsg. von Hans Born-häuser u. a., Calwer Verlag, Stuttgart 1981, Seite 254)

Schwere Worte sind das, liebe Gemeinde, voller Müdigkeit und Resignation, kaum zu ertragen.

Lass mich in Ruhe, Gott! Blick weg von mir! Was quälst du mich noch, legst mir Forderungen auf, drohst mit Strafen, sendest mir Unglück und Not? Ist das Leben selbst nicht schon Last genug? Bin ich nicht bloß ein Schatten, der in kurzer Zeit lang und länger wird, sich schließlich ganz im Dunkel verliert?

Was willst du, Gott, da noch von mir? Geh aus meinem Leben! Lass mir meine Ruhe, gönn mir die kleinen Freuden wenigstens, die Wärme der Sonne, den Gesang der Vögel, die Rast am Mittag, das kurze Glück der Liebe, den Blick auf ein gelungenes Tagewerk, den Schlaf der Nacht! Lass mich und wende dich ab von mir!

So redet Hiob, schwer geschlagen von Unglück und Leid, am Boden liegend und im Ringen mit Gott. Nicht nur Hiob redet so. Seine Klage könnte auch das Lebenslied vieler von uns sein.

Wie eilt die Zeit dahin, so dass wir ihr kaum folgen können. Die Jahre verstreichen und alles geht so schnell vorüber. Wie bald sind die Kinder groß, wie bald werden wir selbst alt und grau. Menschen, mit denen wir unser Leben geteilt haben, sind nicht mehr. Einst Vertrautes ist uns fremd geworden. In vielen Dingen kennen wir uns nicht mehr aus. Das Leben verrinnt, erst kaum merkbar, dann immer schneller.

Und dann die Unruhe, in uns und in unserem Leben! Was ist uns nicht alles wichtig gewesen! Was hat uns nicht alles Sorge und Aufregung gemacht, geängstigt und begeistert! Und wie bald war es wieder vergessen! Dann die Suche nach ein bisschen Glück, nach Liebe und Sicherheit!

Da arbeiten wir und mühen uns um unser Auskommen, wollen das Beste aus dem kurzen Leben machen, versuchen, die guten Stunden festzuhalten, gehen gegen das Böse in uns und um uns an, bemühen uns, anständig zu bleiben, wissen dabei kaum, was das Ziel ist, dem wir nachstreben. Wie hektisch, wie unruhig sind die Jahre gewesen oder sind sie noch!

Und was hat schon Bestand? Was wird bleiben? Von dem, was uns wichtig ist? Von unserem Lebenswerk? Von uns selber? Wer wird sich an uns erinnern, wenn wir einmal nicht mehr sind: Die Kinder, ja, vielleicht die Enkel, kaum noch die Urenkel. Dann der Name auf einer Grabplatte für ein paar Jahrzehnte, einige Fotos im Familienalbum, schließlich nur die Daten in den Urkunden. Wer von uns geht schon ein in die Geschichtsbücher der Welt, wessen Gedächtnis wird bewahrt über die eigene Zeit hinaus? Der Blume gleich gehen wir hervor und welken.

Und Gott? Möge er uns doch in Ruhe lassen, wenigstens in Ruhe! Wenn er uns schon nicht zum Glück verhilft, uns Beistand gibt und das Unglück vom Halse hält. Wer sind denn wir, dass er uns zu allem auch noch zur Verantwortung ziehen will? Religion, Glaube, Verantwortung vor Gott – nun auch diese Last noch zu allen anderen Lasten?

Dann lieber ohne Gott leben, ohne diese Last die Tage genießen, die paar Freuden des Lebens wahrnehmen, seien sie noch so vordergründig, sich an der Liebe erfreuen, und sei sie noch so flüchtig, die Augenblicke des Glückes festhalten, und seien sie noch so banal und schal.

Ich kann verstehen, wenn Menschen, die alt geworden sind und müde unter den Jahren, die einiges durchgemacht haben in den siebzig–achtzig Jahren, die sich nur noch dahinschleppen, wenn sie nur noch Ruhe wollen, bloß Ruhe, nichts hören wollen von Schuld und Verantwortung.

Ich kann verstehen, wenn Menschen, die von Unglück und Krankheit geplagt werden, gute Menschen, die nie jemandem etwas zu Leide getan haben, wenn sie nicht verstehen, was mit ihnen geschieht, wenn sie wie Hiob klagen und fragen.

Ich kann verstehen, wenn Menschen, die einen Blick haben für Geschichte, die das Kommen und Gehen der Völker sehen, den Wechsel von Größe und Untergang, wenn sie ins Grübeln und Zweifeln darüber kommen, ob denn ein Gott sei, der die Geschicke zum Guten lenkt.

Aber ich bin doch erstaunt über diese Töne von Müdigkeit und Resignation in der Bibel. Nichts Tröstliches, nichts Versöhnendes höre ich aus den Worten Hiobs heraus.

Hiob erlebt Gott nicht als Hilfe und Beistand in schweren Tagen. Er kann sich an ihn nicht wenden wie an einen Freund. Ja, Gott ist für ihn ein Gegner geworden. Was anderen ein Trost war, dass Gottes Augen auf Menschen ruht, wird für Hiob zu einer weiteren Last des Lebens. Möge Gott doch von ihm lassen, sein Auge von ihm wenden – so bittet er.

Nun ist Hiobs Stimme aber nicht die einzige im Chor biblischer Gestalten. Da sind auch solche, deren Lied ganz anders klingt. Da sind die Stimmen von Menschen, die ganz andere Erfahrungen gemacht haben, Erfahrungen mit ihrem Leben, Erfahrungen mit Gott.

Zum Beispiel bei Jesaja. Da lese ich Texte, die zum Teil fast zeitgleich mit Hiob sind.

Auch dort weiß der Sänger von der Vergänglichkeit des Lebens, das wie die Blume auf dem Felde dahinwelkt. Aber er weiß auch von einem Gott, der dieses Leben mit seiner Ewigkeit umschließt: »Das Gras verdorrt, die Blume verwelkt, aber das Wort unseres Gottes bleibt ewiglich« (Jes 40,8).

Und derselbe Gott spricht dort bei Jesaja zu seinem Volk: »Fürchte dich nicht, denn ich habe dich erlöst; ich habe dich bei deinem Namen gerufen; du bist mein.« (Jes 43,1)

Und weiter: »Siehe, in die Hände habe ich dich gezeichnet.« (Jes 49,16)

Und schließlich heißt es: »Ich habe dich einen kleinen Augenblick verlassen, aber mit großer Barmherzigkeit will ich dich sammeln. Es sollen wohl Berge weichen und Hügel hinfallen, aber meine Gnade soll nicht von dir weichen, und der Bund meines Friedens soll nicht hinfallen, spricht der Herr, dein Erbarmer.« (Jes 54,7)

Und neben diesen Stimmen gibt es noch viele, viele andere, die ähnlich klingen. Ein Bild von Gott durchzieht die Bibel, in dem Gott nicht der Feind des Menschen ist, sondern sein Freund, sein Tröster, sein Erlöser. Gerade weil der Mensch so klein, so vergänglich, so verloren ist, wird er von Gott gesehen, gehört, angenommen und befreit.

Und weil Gott ihn ernst nimmt, traut er ihm Verantwortung zu. Er hat ihm viele Möglichkeiten mit ins Leben gegeben: die Kraft des Körpers, die Fantasie des Geistes, die Klarheit der Vernunft, die Fähigkeit zur Liebe, die Einsicht in Gut und Böse. Die Verantwortung aber muss sich dann auch befragen lassen. So ist dann das Wort bei Hiob zu verstehen, dass Gott den Menschen ins Gericht zieht.

Wir Menschen sind Gott nicht egal. Wir sind für ihn eben doch nicht wie das Gras auf dem Felde, oder wie die Blume, die blüht und dahinwelkt. »In meinen Augen bist du wert geachtet und ich habe dich lieb«, lesen wir wiederum bei Jesaja (Jes 43,4). So wert geachtet, dass unsere Namen bei Gott aufgezeichnet sind und nicht vergehen.

Gott sei Dank gibt es diese anderen Stimmen in der Bibel. Weil es sie gibt und weil ich ihnen vertraue, möchte ich in Wahrheit doch nicht ohne Gott leben. Ich möchte ernst genommen sein, auch in meiner eigenen Verantwortung. Ich möchte nicht in Ruhe gelassen werden von dem Gott, der meinen Namen weiß. Der flüchtige Tag mit seinen Leiden und Freuden, das kurze Leben allein wäre mir nicht genug, wenn es nicht von Gottes Ewigkeit umschlossen wäre.

Ja, ich weiß, Gott macht es einem nicht leicht. Viele Fragen, manch vergebliches Rufen, tiefes Schweigen, Zorn und Bitterkeit – dies alles ist im Glauben mit eingeschlossen. Aber die Last von mir werfen? Ohne Gott leben? Für immer ohne Antwort bleiben? Wie das Gras aufwachsen und blühen, um dann niedergetreten zu werden und zu verdorren?

Da höre ich doch lieber auf die anderen Stimmen der Bibel, die mir von Gott erzählen als einem Freund, als Tröster und Helfer, als dem Vater, als dem Auge über mir, dem Ohr für mich, die Hand, welche mich hält. Auf diese Stimmen will ich hören und mit Gott leben, jeden Tag.

Wie sollen wir nun mit Hiob reden und mit jenen, die klagen wie er? Sicher, indem wir erst einmal hinhören, seine Klage ernst nehmen, uns einlassen auf das Gespräch mit ihm. Es ist uns ja nicht fremd, wie er denkt und was er sagt. So sollten wir immer auch auf jene hören, die uns ihr Leid, ihre Bitterkeit, ihre Unruhe klagen. Es hat sein Recht, wenn sie so reden. Wie Hiob sein Recht hatte, so zu reden. Zuzuhören ist der erste und wichtigste Dienst, den wir anderen erweisen können.

Erst dann, wenn wir der Klage Raum gegeben haben, können wir auch die anderen Stimmen zur Sprache bringen, die Stimmen von Trost und Hoffnung und Erlösung.

Mit jenen, die alt und müde geworden sind, würde ich über ihr Leben sprechen. Ich würde mit ihnen danach fragen, was sie denn reich gemacht hat in all den Jahren, wovon sie gezehrt und gelebt haben. Auch darüber, welche Wünsche und Hoffnungen erfüllt oder auch unerfüllt geblieben sind. Ich würde mit ihnen nach den Spuren Gottes in ihrem Leben suchen, aber auch nach offener Schuld fragen. Und dann würden wir zusehen, wie es Ruhe geben kann, nicht die Ruhe um jeden Preis, sondern die dankbare, erfüllte Ruhe zum Ende eines Lebens hin.

Und mit denen, die ein Unglück getroffen hat, würde ich über ihre Trauer und Verzweiflung sprechen. Ihre Klage würde zu meiner Klage, ihr Gebet wäre mein Gebet. Dann würde ich Gott um seine Freundschaft für sie bitten, um freundliche Zeichen der Hoffnung. Ich würde mit ihnen, denke ich, auch gerade jene Blumen betrachten, die so schnell vergehen und deren Pracht so herrlich ist. Wie sollte nicht, wenn sie schon so zu blühen wagen, auch unser Leben wieder zum Blühen gebracht werden können?

Und jene, die nicht glauben wollen, dass ein Gott in dieser Welt am Wirken ist, die in der Geschichte nichts als eine Folge von Glück und Leid erkennen können, die würde ich nicht belehren wollen, sondern nur an ihre eigene Verantwortung erinnern. Und sie fragen, ob ein Leben ohne Gott denn menschlicher, freier und glücklicher sein könnte.

Und uns allen, die wir voller Unruhe sind und denen die Zeit davoneilt, würde ich raten, nicht auf die Jahre zu sehen, die unser Leben weniger geworden ist, sondern auf die, die es gewonnen hat an Erfahrungen und Reichtum. Lasst uns nicht zu Sklaven der Tage und Stunden werden, die uns zugemessen sind von Gott oder von Menschen. Das kurze Glück ist schnell vorüber. Zufriedenheit ist ein Gut, das den längeren Atem hat. Lasst uns auch nicht darauf achten, was vor den Menschen bleibt. Das vergeht. Lasst uns darauf achten, was vor Gott bleibt und Bestand hat.

Hiob hat Freunde gehabt, denen er klagen konnte und die mit ihm gesprochen haben. Sie hatten ihn wohl nicht verstanden. Ihre Antworten waren nicht seine Antworten. Erst im Gespräch mit Gott selber ist er zu einer Antwort gekommen, die ihn schließlich in seiner Grundüberzeugung bestätigt hat: »Ich weiß, dass mein Erlöser lebt.« (Hiob 19,25)
Gott hatte nicht daran gedacht, ihn in Ruhe zu lassen. Ich hoffe auch für uns, dass Gott uns nicht in Ruhe lässt und sich abkehrt von uns, selbst wenn wir es uns manchmal wünschen.

»Nein – zur Gewalt an Frauen und Kindern«

Predigt zur Kampagne 2001
Text: Psalm 6

Dorothea Margenfeld

»Mutter, sprich mit mir, ich fürchte mich, weil es so dunkel ist«, ruft ein Kind aus seinem Bett. Die Mutter antwortet aus dem Nebenzimmer: »Aber du siehst mich ja gar nicht!«
Das Kind sagt: »Wenn jemand spricht, wird es hell!« –
Dieser Satz hat einen doppelten Sinn, liebe Gemeinde. Wenn jemand zu mir spricht, wird es hell. Wenn ich zu jemand sprechen kann, auch dann wird es hell.
Das Schlimmste ist, wenn niemand mehr redet. Wenn Scham und Angst so groß sind, dass das Schweigen und Verschweigenmüssen wie ein dunkler Bann auf allem liegt.
Dann trägt auch die Kindersprache nicht mehr, so tief verwurzelt sie vielleicht ist. Also das schlichte Gebet: »Ich bin klein, mein Herz mach rein, soll niemand drin wohnen als Jesus allein.« Oder das andere: »Breit aus die Flügel beide ... dies Kind soll unverletzt sein.«
Wenn der Schrei uns im Hals steckt und die Wut im Bauch, die Hilflosigkeit und der Zorn, dann brauchen wir die Sprachhilfe der Psalmen. Diesen Psalm 6 zum Beispiel, der heute unser Predigttext ist.
Wir haben ihn am Anfang gemeinsam gebetet, so wie er im Gesangbuch steht, das heißt verkürzt – ich komme darauf noch zurück.

Psalm 6 – ein Klagelied – eine klagende Bitte oder eine bittende Klage. Es ist gut, wenn ein Mensch zu Gott sagen kann: »Sei mir gnädig, denn ich bin schwach, und meine Seele ist sehr erschrocken.« Es ist auch gut, wenn ein Mensch zu einem anderen Menschen sagen kann: »Hilf mir, ich schaff es nicht allein. Ich hab Angst.«

Und gut ist es, wenn man am Ende sagen kann: »Der Herr hört mein Flehen; mein Gebet nimmt der Herr an.« Oder zu einem anderen Menschen gesagt: »Danke, dass ich mit dir reden konnte und dass du mir zugehört hast. Das hat mir sehr geholfen.«

Aber es ist manchmal ein weiter und einsamer Weg – vom Schweigen zum Reden, vom ersten Erschrecken zum schließlichen Aufschreien und zum Klagen.

Ich denke an Sara, die Ahnfrau der Bibel – die »Fürstliche«, wie ihr Name heißt.

Als Abraham den Ruf vernahm, von der vertrauten Stadt Haran Abschied zu nehmen und sich auf den Weg zu machen mit unbekanntem Ziel, hören wir dazu von Sara kein Wort. Sie ging mit, so wie Frauen und Kinder oft mitgehen müssen bis heute. Auch so geschieht manchmal alltägliche Gewalt. »Ich bin schwach, meine Seele ist erschrocken, meine Beine wollen mich nicht mehr tragen« – heißt es im Psalm.

Als Abraham dann den Befehl bekam, Isaak, seinen und auch ihren Sohn, zu opfern, und als er sich am Morgen mit schwerem Herzen auf den Weg machte, da hören wir wieder kein Wort von Sara. Ahnte sie, was auf dem Spiel stand? War sie still, wie so viele ihrer Schwestern bis heute schweigen und wegsehen, weil dies vielleicht am allerschwersten ist: die Bedrohung eines Kindes durch seinen eigenen Vater wahrzunehmen und sie offen anzusprechen?

Es ist eine abgründige Geschichte, wie da der Vater mit seinem Sohn schweigend den Berg hinaufsteigt ...

Eins aber sagt sie an ihrem Ende ganz klar: Gott will kein Menschenopfer. Gott will nicht, dass irgendein Kind, irgendein Mensch, Mann oder Frau, von einem anderen Menschen zum Opfer gemacht wird. Gott widersteht denen, die Gewalt ausüben und andere in ihrer Hilflosigkeit und Abhängigkeit missbrauchen. Nein, der Gott Israels, der Gott Jesu will das Töten an Leib und Seele, will die Menschenopfer nicht. Darauf verlässt sich, wer mit Psalm 6 betet: »Wende dich, Herr, und errette mich, hilf mir um deiner Güte willen.«

Noch einmal zu Sara, der Ahnfrau. Als Abraham sich in der ausgedörrten heißen Steppe nicht mehr anders zu helfen wusste, zogen sie weiter in den Süden, an den Nil nach Ägypten, wo es Wasser gab für das Vieh, den einzigen Besitz der Nomaden. Armutsflüchtlinge waren sie also, Asylsuchende in einem fremden Land.

Abraham schaut seine Frau an, wie er sie vielleicht schon lange nicht mehr angeschaut hat, und bekommt plötzlich Angst. Er sagt zu ihr: »Siehe, ich weiß, dass du ein schönes Weib bist. Wenn dich nun die Ägypter sehen, so werden sie sagen: Das ist seine Frau, und werden mich umbringen und dich leben lassen. So sage doch, du seist meine Schwester, auf dass mir's wohlgehe um deinetwillen und ich am Leben bleibe.«

Was hat Abraham vor? Will er wirklich sehenden Auges zulassen, dass seine Frau Sara im Bett irgendeines mächtigen Ägypters landet oder im königlichen Harem verschwindet? Wieder ist uns von Sara kein Wort überliefert, auch danach kein Wort, als sie mit Gottes und des Pharao Hilfe wieder freikam. Ihr stummes Geschick ist in unserem Psalm aufgehoben zwischen dem Stoßseufzer: »Herr, sei mir gnädig, meine Gebeine sind erschrocken« und dem erleichterten Seufzer am Ende: »Der Herr hat mein Weinen gehört.«

Was für eine Geschichte, liebe Gemeinde!

Sara, die schöne junge Flüchtlingsfrau aus der nördlichen Steppe wird zur Schwester ungezählter Frauen und Mädchen aus der so genannten Südhälfte der Welt. Zur Schwester der Kinder und jungen Frauen, die für den internationalen Sextourismus zur Verfügung stehen, manchmal von den eigenen Vätern, den eigenen Ehemännern dazu in die großen Touristenstädte gebracht; zur Schwester der Frauen aus Ostasien oder aus Osteuropa, die als Lust- und Liebesobjekte hierher nach Deutschland geschleust werden; zur Schwester der Frauen, die in den europäischen Bürgerkriegen des 20. Jahrhunderts massenhaft vergewaltigt wurden. Die eigenen Kinder mussten hilflos, verängstigt und für immer verstört zusehen, wie ihre Mütter gequält und gedemütigt wurden. Und niemand, mit dem man reden könnte, eine Qual ohne Ende!

»Wenn jemand spricht, wird es hell.« Wenn niemand spricht und man mit niemand sprechen kann, dann bleibt alles dunkel. Auch Gott selber wird dann finster und dunkel, und sein Angesicht leuchtet auf einmal nicht mehr. Dann schreit es in den Seelen der Kinder, der Mütter, der Väter. Und diesen Schrei, wenn alles dunkel geworden ist, auch Gott sel-

ber, den schreit Psalm 6 hinaus in jenem ersten Vers, der nicht im Gesangbuch steht, vielleicht weil er der Gemeinde an einem gewöhnlichen
Sonntag zu hart in den Ohren klingen würde:
»Ach Herr, strafe mich nicht in deinem Zorn
und züchtige mich nicht in deinem Grimm.«
Es ist vielleicht gut, durch diese Auslassung dem Missverständnis vorzu-
beugen, als könne man in jedem Unglück, das einen Menschen trifft,
gleich auch die Schuld erkennen, auf die nun Gottes strafender Zorn die
Antwort ist.
Nicht gut ist es aber, durch solch eine Auslassung den Klageschrei zu
unterdrücken und die reale Erfahrung, dass einem Gottes Angesicht tatsächlich dunkel erscheinen kann. Auch diese Erfahrung muss man aus-
sprechen und notfalls hinausschreien dürfen, um erst dann – wenn es
heraus ist – vielleicht sagen zu können: Sei mir gnädig, Herr, heile mich,
hilf mir – ach du, Herr, wie lange! –
Da sind übrigens noch ein paar Verse, die nicht ins Gesangbuch aufgenommen wurden, vielleicht weil man so ein Tränengebet nicht schon
am hellen Sonntagmorgen jedem und jeder einfach in den Mund legen
kann. Wir sind ja – Gott sei Dank – auch manchmal einfach glückliche,
glückselige Leute und dürfen das auch sein!
Aber trotzdem brauchen wir diesen Psalm als eine Sprachhilfe für uns
selber und als eine Hörhilfe, damit wir aufmerksam werden für das, was
sich hinter einem abweisenden, einem verschlossenen Gesicht vielleicht
verbirgt: die traurige Geschichte eines Menschen, der am Ende nur noch
im Tod einen Ausweg sieht.
Da heißt es in den Versen 5–7, die nicht im Gesangbuch abgedruckt sind:
»Im Tode gedenkt man deiner nicht;
wer wird dir bei den Toten danken?
Ich bin so müde vom Seufzen;
Ich schwemme mein Bett die ganze Nacht
und netze mit meinen Tränen mein Lager.
Mein Auge ist trübe geworden vor Gram
und matt, weil meiner Bedränger so viele sind.«
Bei diesen Versen muss ich an die Frau denken, von der Sie beim Eröff-
nungsgottesdienst zur Ausstellung hörten, an Tamar muss ich denken,
die Tochter Davids.
Psalm 6 könnte ihr Gebet und ihre Klage sein.

Es ist eine schlimme Geschichte, die da im 2. Samuelbuch (Kap 13) steht: »Absalom, der Sohn Davids, hatte eine schöne Schwester, die Tamar hieß; und Amnon, auch ein Sohn Davids, verliebte sich in sie.

Und Amnon grämte sich, so dass er fast krank wurde, um seiner Schwester Tamar willen; denn sie war eine Jungfrau, und es schien Amnon unmöglich zu sein, ihr etwas anzutun.

Amnon aber hatte einen Freund, einen erfahrenen Mann, der sagte: Leg dich auf dein Bett und stell dich krank. Wenn dann dein Vater kommt, dich zu besuchen, so sprich zu ihm: Lass doch meine Schwester Tamar kommen, damit sie mir Krankenkost gebe und ich von ihrer Hand nehme und esse ...«

Das ist so hinterhältig eingefädelt, dass einem ganz elend wird bei dem Gedanken, wie oft häuslicher Missbrauch sich so oder ähnlich abspielen mag.

Alles läuft wie geplant: »Amnon legt sich ins Bett, der besorgte Vater kommt ihn besuchen und schickt ihm dann wunschgemäß die Schwester, nach der er verlangt. Tamar bereitet ihm das gewünschte Mahl, aber ihr kranker Bruder will erst essen, wenn alle Diener hinausgegangen sind. Die ahnen vielleicht etwas, aber Diener müssen schließlich schweigen, dürfen nichts sehen, nichts hören und nichts sagen.

Als Tamar die Kuchen zu ihm brachte, ergriff er sie und sprach zu ihr: Komm, meine Schwester, lege dich zu mir.

Sie aber sprach zu ihm: Nicht doch, mein Bruder, schände mich nicht; denn so tut man nicht in Israel. Tu nicht solch eine Schandtat! Wo soll ich mit meiner Schande hin?

Aber er wollte nicht auf sie hören und ergriff sie und überwältigte sie und wohnte ihr bei.«

Und als wäre Tamar mit Inzest und Vergewaltigung nicht schon genug Gewalt angetan worden, geht es jetzt noch weiter.

»Amnon wurde ihrer überdrüssig, so dass sein Widerwille größer war als vorher seine Liebe. Und Amnon sprach zu ihr: Auf, geh deiner Wege!

Sie aber sprach zu ihm: Dass du mich von dir stößt, dies Unrecht ist größer als das andere, das du mir angetan hast. Aber er wollte nicht auf sie hören, sondern rief seinen Diener, der ihm aufwartete, und sprach: treibe diese von mir hinaus und schließ die Tür hinter ihr zu!

Und als sein Diener sie hinausgetrieben und die Tür hinter ihr zugeschlossen hatte, warf Tamar Asche auf ihr Haupt und zerriss das Ärmelkleid, das sie anhatte, und legte ihre Hand auf das Haupt und ging laut schreiend davon.«

Und jetzt beginnt das Verheimlichen und Verschweigen, das Wegschauen und Verharmlosen dieser ganzen bösen Geschichte.

Tamar läuft schreiend davon. Mit dem Mut der Verzweiflung macht sie das Unrecht, das ihr geschehen ist, öffentlich. Aber niemand will offenbar davon hören.

Ihr Bruder Absalom sprach zu ihr: Ist dein Bruder Amnon bei dir gewesen? Nun, meine Schwester, schweig still; es ist dein Bruder, nimm dir die Sache nicht so zu Herzen.

So blieb Tamar einsam im Hause ihres Bruders Absalom.

Das ist das Letzte, was uns von Tamar berichtet wird. Eine missbrauchte, an Leib und Seele verletzte Frau zieht sich zurück in Einsamkeit und Trauer. Auch innerlich fühlt sie sich wie verbrannte Asche, grau und tot. Da ist niemand, mit dem sie reden kann. Auch ihr Bruder Absalom, in dessen Haus sie wenigstens eine Bleibe findet, ist offenbar kein Gesprächspartner für sie sondern nur einer, der sie beschwichtigt und insgeheim auf Rache sinnt und damit auf neue Gewalt.

Und was ist mit ihrem Vater, dem König?

Von ihm lesen wir:

»Als der König David dies alles hörte, wurde er sehr zornig. Aber er tat seinem Sohn Amnon nichts zuleide, denn er liebte ihn, weil er sein Erstgeborener war.«

Wenigstens aber wird der schönen Tamar nicht auch noch die Schuld an allem zugeschoben, und sie wird nicht als die eigentliche Verführerin hingestellt, wie das bis heute so oft geschieht. Sie wird auch nicht hingestellt als eine Frau, die sich halt nicht genug zur Wehr gesetzt hat.

Nein, das ganze gemeine Spiel wird immerhin ehrlich beschrieben als eine abgekartete Sache.

Trotzdem ist es Tamar, die nun Scham und Schande tragen muss, eingegesperrt im Haus ihres Bruders und allein mit ihren Tränen. »Ich bin so müde geworden vom Seufzen, mein Auge ist trübe vor Gram.«

Keiner ist vor sie hingestanden, keiner hat sich zu ihr bekannt. Nur bedrängt hat man sie, zuerst mit Lust und mit Gewalt und dann mit Beschwichtigung und mit Verschweigen.

In unserem Psalm aber geschieht zuletzt noch einmal eine Wende, gleichsam ein Aufstand gegen die Gewalt. So, als ob eine tief gedemütigte, in die Enge und ins Abseits getriebene Frau sich aufrichtet und endlich nicht nur ihr Unglück hinausschreit, sondern jetzt auch laut sagt, was ihre Hoffnung und ihre Zuflucht ist und wer für sie den weiten Raum zurückgewinnt, auf dem sie mit beiden Füßen stehen kann.

»Weichet von mir, alle Übeltäter; denn der Herr hört mein Weinen.
Der Herr hört mein Flehen; mein Gebet nimmt der Herr an.«

Woher der Beterin dieser Mut kommt, wer will das sagen. Sie steht jedenfalls wieder aufrecht da, nachdem sie das Tal der Tränen, das finstere Tal, wirklich durchschritten und durchlebt hat. Sich hindurchgearbeitet und hindurchgequält bei Tag und bei Nacht. Nun steht sie aufrecht da und sagt noch einen Satz, der auch wieder nicht im Gesangbuch steht, der letzte Vers unseres Psalms:

»Es sollen alle meine Feinde zuschanden werden und sehr erschrecken; sie sollen umkehren und zuschanden werden plötzlich.«

Das klingt hart, geradezu gewalttätig! Aber ich meine, das ist nicht nur ein psychologisch verständlicher, sondern auch ein biblisch richtiger und ein gesellschaftlich notwendiger Satz. Denn das Böse, die böse Gewalt, muss benannt und bekämpft werden.

Dieser letzte Psalmvers macht noch einmal deutlich: Gott sagt Nein zur Gewalt, er will sie stoppen, ihr entgegentreten. Auch für uns gibt es darum nur dieses deutliche Nein.

Nicht auf den Opfern sollen Scham und Schande liegen bleiben, sondern Scham und Schande soll über die Täter, die Bedränger kommen, damit sie zurückweichen und von ihrem Tun umkehren und damit das glückliche Leben Raum gewinnt, das in den Seligpreisungen der Bergpredigt beschrieben ist.

Denn der Gott, von dem es heißt, dass er am Ende der Tage alle Tränen abwischen wird von unseren Augen, der will seine Menschen glücklich sehen, schon jetzt. Er will die ganze seufzende Schöpfung glücklich sehen.

Deshalb sagen wir Nein zur Gewalt an Frauen und Kindern und zur Gewalt des Rassismus und der Fremdenfeindlichkeit, zu aller Gewalt, die in unserer Mitte Menschen bedrängt und verletzt mit Worten und Bildern, mit Vorurteilen und Verdächtigungen, mit Waffen oder mit sexuellem Missbrauch. Deshalb sind wir beteiligt an der Kampagne zur Überwindung der Gewalt, die weitergehen muss in vielen einzelnen Schritten und für die wir noch viel Wachsamkeit und viel Liebe brauchen, viel Weisheit und viel Mut und viel gegenseitige Ermutigung.

Predigt über Psalm 84
anlässlich der Vorstellung eines restaurierten Altars

Götz Brakel

Wenn wir heute unseren Altar feiern, dass er nun so wiederhergestellt worden ist, dass wir noch lange Freude an ihm haben, dann tun wir etwas, was von der Bibel her eigentlich zumindest bedenklich ist. Und für Evangelische gilt das besonders.

Ich will nur an die 10 Gebote erinnern. Da heißt es ja: Du sollst dir kein Bildnis noch irgendein Gleichnis machen, weder von dem, was oben im Himmel, noch von dem, was unten auf Erden, noch von dem, was im Wasser unter der Erde ist: Bete die Bilder nicht an und diene ihnen nicht! Und es folgt auf dieses strikte Verbot noch eine ausführliche Begründung: Denn ich, der Herr, dein Gott, bin ein eifernder Gott, der die Missetat der Väter heimsucht bis ins dritte und vierte Glied an den Kindern derer, die mich hassen, aber Barmherzigkeit erweist an vielen Tausenden, die mich lieben und meine Gebote halten.

Gewiss wird an vielen Stellen der Bibel genauso berichtet, wie Kain und Abel sich Altäre bauten, auf denen sie opferten, oder dass Abraham Steine aufeinander schichtete, um Gott anzubeten und Opfer darzubringen. Aber im Unterschied zu den meisten anderen Religionen sind rituelle Handlung an Altären und das Begehen heiliger Orte nicht das Wesentliche des biblischen Glaubens. Unser Glaube ist von den Ursprüngen her ein Bekenntnis von herumziehenden Viehzüchtern, die mit ihren Herden immer unterwegs zu fruchtbaren Weideplätzen waren, und erlebten, dass ihr Gott sie begleitete und in der Not rettete. »Und ob ich schon wanderte im finstern Tal, ...« Das Judentum – und im Gefolge das Christentum – ist eine Nomadenreligion, ein »Immer-Unterwegs-Glaube«. Für Nomaden gab es keine Möglichkeit, immer wieder – mit Regelmäßigkeit – zu heiligen Stellen zurückzukehren.

Dieser »Immer-Unterwegs-Glaube« findet seine Vertiefung in der Wanderung des Volkes Israel in der Wüste und der Erfahrung dort. Gott, der das Volk führt, der es mit Brot und Wasser versorgt, der sie aber auch herausfordert, ihm zu vertrauen, Mangel standzuhalten, den Weg ins gelobte Land weiterzugehen und sich nicht zurückzuträumen an die Fleischtöpfe Ägyptens. Am Berg Sinai wird uns in wenigen Kapiteln der Bibel vorgeführt, wie dicht das zusammenliegt: Offenbarung des Gotteswillens und das Versagen der Menschen, die 10 Gebote und das Goldene Kalb. Die Gesetze für den Glauben an Gott und die Gerechtigkeit unter den Menschen.

Dem Menschen aber ist der lebendige Gott zu anstrengend und deshalb stellt er sich einen Gott selbst her. Ein goldenes Kalb, so stark wie ein Stier soll es sein und so vornehm wie das Gold, aus dem es gemacht ist. Auf dieses Gottesbild – wenn man es einmal gemacht hätte, könnte man immer wieder zurückkommen, und es würde noch immer dort zu finden sein, wo man es hingestellt und wie man es verfertigt hat. Die Bibel hat immer dagegengehalten: Gott ist lebendig, lässt sich nicht festlegen. Niemand kann ein für allemal wissen, wie Gott eigentlich ist. Deshalb hat im jüdischen Glauben die Stelle, die in anderen Religionen das Gottesbild einnimmt, der heilige Name Gottes inne. Nur ein Wort, ein Name, den der fromme Jude und die fromme Jüdin nicht einmal ausspricht. In einer Welt des alten Israels, in der die Ägypter die größten Bauwerke der damaligen Zeit in den Wüstensand setzen, reichte dem kleinen Volk Israel ein bloßer Name, um bei ihrem Gott Rettung zu erleben. Der biblische Glaube hat seine Macht auch immer darin gezeigt, in dem, was vor der Welt als nichts erscheint, die Anwesenheit Gott erlebbar zu machen.

Und wie im Glauben Gott lebendig bleiben soll, soll auch die Welt lebendig bleiben. Wir sollen uns kein Bildnis machen von dem, was auf, unter und über der Erde ist, den Steinen, den Pflanzen, den Tieren und vor allem von den Menschen nicht. Denn der Mensch ist unter dem Geschaffenen ausgezeichnet, weil er nach dem Bilde Gottes gemacht ist, so lebendig wie der Schöpfer selbst. Und etwas abzubilden, friert das Bild ein, das wir im Kopf haben, und nimmt dem Geschaffenen die Lebendigkeit. Wie können Menschen der Welt, ihren Mitmenschen und ihrem Gott begegnen, das Leben in allem spüren, wenn sie im Kopf nur geronnene Bilder haben? Und gerade Gläubige haben es nötig, nicht zu vergessen, dass sie auf dem Wege bleiben sollen.

Als Israel durch die Wüste zog, war das wichtigste Heiligtum schließlich ein Kasten, der mit auf die Reise ging und in dem man die beiden Tafeln aufbewahrte, auf denen die 10 Gebote verzeichnet waren.

Das 2. Gebot im Kopf, haben die ersten Christen den römischen Götterbildern die Köpfe abgeschlagen, um zu zeigen, wie machtlos die falschen Götter sind. Mit dem Gebot im Rücken sind am Anfang der Reformationszeit junge Leute durch die Kirchen und Klöster gelaufen, haben Bilder und Statuen von Heiligen zerstört. Ich habe einmal die Vermutung gehört, dass womöglich einige der Beschädigungen an unserem Taufstein aus dieser Zeit herrühren. Luther hat der Bilderstürmerei schnell Einhalt geboten und die alten Bilder in den Kirchen belassen und in Wittenberg neue Bilder malen lassen, die den Menschen die evangelische Botschaft deutlich machten.

Wie kam Luther und wie kommen wir heute dazu, Bilder und Altäre in den Kirchen gelten zu lassen? Hier haben hier zudem noch einen so katholischen Altar mit den Heiligenfiguren; deshalb hat man ihn wohl an die Seite verbannt und die Altarwand gebaut und das Altarkreuz mit dem Abendmahlsgemälde angebracht. Die Reformierten haben da ja, wie Sie wissen, eine eindeutigere Haltung und alle Bilder und Altäre aus ihren Kirchen verbannt, weil Gott nicht im Irdischen abbildbar ist.

Ich möchte zwei Gründe anführen, die es mir sinnvoll, vielleicht sogar wichtig erscheinen lassen, die alten schönen Bilder und Altäre in unseren Kirchen zu lassen und womöglich neue schöne für sie zu stiften und unterzubringen. Der erste Grund liegt schon in der Geschichte des alten Israels. Denn war nicht einmal das alte Israel so altarfeindlich wie die Reformierten. Ihr Glaube hat irgendwann Heimat gefunden, ohne es aufzugeben, ein Immer-Unterwegs-Glaube zu sein. Das Volk kam in das gelobte Land und eroberte die Stadt Jerusalem. Als David König war und Salomon ihm nachfolgte, wurde der Tempel gebaut, dessen Mauer bis heute steht. In den Tempel wurde die Bundeslade überführt.

In dem Psalm, den ich anfangs gelesen habe, wird angedeutet, weshalb wir Altäre brauchen. Der Vogel hat ein Haus gefunden / und die Schwalbe ein Nest für ihre Jungen – deine Altäre, Herr Zebaoth, / mein König und mein Gott, heißt es. Ich kann mir das Leben, den Alltag, im alten Israel wenig vorstellen; aber ich vermute, es ging nicht so hektisch zu wie das Leben der meisten Menschen heute. Und doch vergleicht sich schon der Psalmdichter mit einer Schwalbe. Dieser flatterhafte Vogel, der mitten im Flug so jäh die Richtung ändert, dass ein Beobachter kaum die Richtung ausrechnen kann. Auf der einen Seite macht auf uns die Schwalbe den Eindruck von Leichtigkeit und Freiheit, nichts anderes sind die Lebensziele heutiger Menschen. Keine Bindungen, völlig losgelöst, so soll unser Leben sein. Auf der anderen Seite können wir nicht so leben. Selbst eine Schwalbe braucht ein Nest, um zu nisten, auch wenn es sie in windigen Höhen unter Dächern oder an Felsen befestigt. So entwurzelt der Mensch ist, so wenig Bodenhaftung er hat, um so wichtiger ist es, dass er irgendwo ein Nest einrichten mag. Unser Psalm preist die Menschen, die sich bei den Altären des Herrn wohnlich einrichten. Israel in der Wüste hatte einen Gott nötig, der sie bei ihrem staubigen ungemütlichen Marsch begleitet; wir Artisten der Freiheit und der Leichtigkeit brauchen in unserem Leben etwas wie Bodenhaftung. Wie gut, wenn wir es in den Bildern und Altären unseres Glaubens finden.

Den zweiten Grund haben wir im zweiten Teil unserer Bibel, dem Neuen Testament, und seinen Geschichten, die um Jesus, dem Mann aus Nazareth, kreisen. Nicht einer von den neutestamentlichen Schriftstellern hätte angefangen zu schreiben, wenn sie nicht alle davon überzeugt gewesen wären, dass in dem Menschen Jesus das Bild Gottes erschienen ist. Dieser Gott ist nicht nur unendlich groß und mächtig, er kann seiner Macht und Größe auch völlig absagen und sich zeigen, im Leben und Sterben dieses Menschen, und damit wir an Jesus erinnern, in Brot und Wein bei der Abendmahlsfeier. In Jesus wird das Wort, der Name Gottes, Fleisch und wohnt unter uns, und wir sehen seine Herrlichkeit, die Herrlichkeit des eingeborenen Sohnes vom Vater. Ob und wie unsere Bilder und Altäre dieses Wort zum Ausdruck bringen, wie sie uns das Bild Jesu und der Menschen, die ihm nachgefolgt sind, nahe bringen, darin zeigt sich ihr Wert für unseren Glauben.

Gott ist wie ...

Text: Psalm 33,13–22

Eckhard Herrmann

»Der Herr blickt vom Himmel herab auf die Menschen; von dort oben (...) beobachtet er alle, die auf der Erde leben. Er weiß alles, was sie tun und treiben.«

So, liebe Mitchristinnen und Mitchristen, habe ich mir Gott als kleiner Junge immer vorgestellt. Als einen, der alle – Kinder, Jugendliche, Erwachsene und alte Menschen – im Auge hat. Als einen, der jede und jeden kennt; ... der niemanden übersieht und dem nichts entgeht.

Dieses Vertrauen in Gottes Allmacht und Allwissenheit hat mir Sicherheit gegeben.

Ich habe gewusst: Gott ist immer für mich da. Das hat mich abends ruhig einschlafen und morgens wieder munter aufwachen lassen.

»Weißt du, wie viel Kindlein frühe
stehn aus ihrem Bettlein auf,
dass sie ohne Sorg und Mühe
fröhlich sind im Tageslauf?
Gott im Himmel hat an allen
seine Lust, sein Wohlgefallen;
kennt auch dich und hat dich lieb,
kennt auch dich und hat dich lieb.«

[EG 511,3]

Meine Mutter hat mir dieses Lied beim Zubettgehen vorgesungen. Und ich habe das fest geglaubt. Gott »kennt auch mich und hat mich lieb«. Daran hatte ich nicht den geringsten Zweifel.

»Der Herr blickt vom Himmel herab auf die Menschen.«

Diese alte und altbekannte Gottesvorstellung kommt nicht von ungefähr. Hinter ihr steht eine lange Geschichte, ... stehen ganz unterschiedliche Erfahrungen, die Menschen – über Generationen hinweg – mit Gott gemacht haben.

Erfahrungen mit einem Gott, der ihnen Frieden und Gesundheit, Wohlstand und Zufriedenheit schenkte.

Erfahrungen aber auch mit einem Gott, den sie, als es ihnen schlecht ging, gesucht ... und nicht gefunden haben; den sie gerufen haben und dessen Antwort sie nicht hören konnten.

Und Erfahrungen mit einem Gott, der sie in schweren Zeiten bewahrt, der ihnen in der Not geholfen und der sie in Gefahren beschützt hat, der ihnen wieder Mut gemacht und neue Kräfte verliehen hat.

Daran erinnert der Psalmbeter sich und seine Glaubensgeschwister.

»Selbst wenn wir ganz unten waren, selbst wenn wir an die Grenzen unserer Möglichkeiten gestoßen sind, selbst wenn es nicht mehr weiterzugehen schien – selbst dann war Gott da, selbst dann hat Gott uns geholfen.«

Die Erinnerung an Vergangenes wird in der Gegenwart zur Antriebsfeder des Glaubens. Die Erinnerung an große und wichtige, aber auch an kleine, auf den ersten Blick fast unbedeutende Ereignisse. Ereignisse, die das Leben geprägt und bereichert haben.
Und die Spuren hinterlassen haben.
Welche Spuren hat Gott in meinem Leben, ... in Ihrem Leben hinterlassen?

Orgelmusik: Improvisationen zu EG 511 und EG 234

Die Bibel kennt viele Bilder von Gott. Bilder, die – jedes für sich – Geschichten von Gott erzählen. Begriffe, mit denen Menschen immer wieder versucht haben, ihr Verhältnis zu Gott auszudrücken, in Worte zu fassen. Vorstellungen, die ihnen geholfen haben, mit Gott und mit anderen von Gott zu reden.
Gott.
Der Vater, der sich liebevoll um die Seinen kümmert.
Die Mutter, die verständnisvoll ihre Kinder tröstet.
Der Hirte, der umsichtig und zuverlässig die ihm anvertraute Herde führt.
Der Richter, der dafür sorgt, dass allen Gerechtigkeit widerfährt.
Die »feste Burg«, hinter deren dicken Mauern Bedrängte Schutz finden.
Die »güldne Sonne«, die alles hell macht.
Hinter all diesen Vorstellungen stehen Erlebnisse, bei denen Gott Menschen – jeder und jedem auf seine Weise, ganz persönlich – nahe gekommen ist.

Wir Erwachsenen tun uns heute manchmal schwer mit solch einfachen und klaren Gottesbildern.
»Gott«, sagt einer, »das ist für mich ein Kraftfeld.«
»Gott ist für mich eine unendliche Energiequelle«, sagt ein anderer.
»Gott?«, meint ein Dritter, »... wer oder was Gott ist? Das lässt sich doch gar nicht mit Worten oder Bildern ausdrücken.«
Konkrete Gottesbilder, wie sie die Menschen in biblischer Zeit hatten und wie sie auch für uns in der Kindheit noch ganz selbstverständlich waren, werden – je älter wir werden – immer seltener. Ja, sie gehen verloren im Laufe der Jahre.

Es sind freilich nicht nur die Bilder, die verloren gehen.

Auch die persönliche Beziehung zu Gott – das haben Umfragen jüngst ergeben – ist vielen Menschen hierzulande verloren gegangen.

Sie entdecken Gott in der Natur, in den Wundern der Schöpfung oder im Mitmenschen.

Zu Recht. Gewiss!

Aber ... mit Gott reden, zu ihm beten ...?

Immer weniger Menschen sehen heute in Gott den Vater, die Mutter, den Partner und Freund, dem sie sich anvertrauen können, wie sie sich sonst nur jemandem anvertrauen, der ihnen ganz nahe steht. Gott ist für sie ganz weit weg.

Gott ist für manche Menschen sogar so weit weg, dass sie ihn nur noch als Zuschauer erleben; als einen, der – vollkommen unbeteiligt, passiv, ohne selbst einzugreifen – das Weltgeschehen an sich vorüberziehen lässt.

Sie sagen – wie der Psalmdichter – »Der Herr blickt vom Himmel herab auf die Menschen«.

Aber sie meinen es nicht so wie er.

Was sie erlebt und erlitten haben, das hat ihren Glauben erschüttert, das lässt sie an Gottes Güte zweifeln.

»Gott weiß doch gar nicht, wie es uns geht. Krieg und Gewalt, Not und Leid, Krankheit und Tod. So sieht es aus auf der Erde.«

»Warum ...?«, fragen sie. »Warum ...?« – Und keiner antwortet ihnen.

Orgelmusik: Improvisationen zu EG 234

»Herr, lass uns deine Güte sehen, wie wir sie von dir erhoffen.«

Mit dieser Bitte schließt der Dichter des 33. Psalms sein Gebet.

Gott hat uns seine Güte sehen lassen. Gott hat den Himmel verlassen. Nicht einmal, sondern ein für allemal.

In Jesus von Nazareth hat er sich zu uns und mit uns auf den Weg gemacht, hat unser Leben gelebt, hat mit uns gelacht und mit uns gelitten. Gott ist einer von uns ..., Gott ist Mensch geworden.

All unsere Bilder, mit denen wir ja doch nur einzelne Wesenszüge Gottes erfassen können, all unsere begrenzten Vorstellungen hat Gott »durchkreuzt«, um ganz bei uns zu sein – »alle Tage bis ans Ende der Welt«.

Gott hat sich bewegt. In Jesus hat Gott uns gezeigt, wie wichtig wir ihm sind. Jede und jeder Einzelne von uns. Mann oder Frau, Kind oder Erwachsener, Arm oder Reich, Schwarz oder Weiß – ... Gott fragt nicht, woher wir kommen und was wir mitbringen. Gott nimmt uns an – so, wie wir sind.

»Bittet, und ihr werdet bekommen! Sucht, und ihr werdet finden! Klopft an, und euch wird geöffnet!«

Die Menschen, von denen die Bibel berichtet, die Gott in Jesus begegnet sind, sie alle haben ein Stück »Himmel auf Erden« gefunden.

Simon und Andreas, die beiden Brüder, die alles liegen und stehen ließen und mit Jesus mitgingen, weil sie spürten: Wir werden gebraucht, um den Menschen die Botschaft Gottes zu bringen.

Matthäus, der Zöllner, mit dem keiner etwas zu tun haben wollte, weil er nur an sich selber dachte. Bis Jesus vor seiner Tür stand und sich – allen Warnungen und Vorurteilen zum Trotz – mit ihm an einen Tisch setzte ... und Matthäus von Grund auf änderte.

Oder jene Fünftausend, die sich von Jesus anstiften ließen, zu teilen, was sie hatten, damit alle satt würden.

Viele sind es, denen Gott entgegengegangen, nahe gekommen ist.

Gesunde und Kranke. Starke und Schwache. Erfolgreiche und Gescheiterte. Fröhliche und Traurige. Zuversichtliche und Verzweifelte.

Sie alle haben Gottes Güte erfahren.

Gott hat sich bewegt. Und er will uns in Bewegung bringen.

Er will uns anstiften, weiterzugeben, was wir von ihm bekommen haben.

In seinem Namen all jenen entgegenzugehen, die auf ihn warten, auf ein Wort des Trostes, auf ein Zeichen der Ermutigung, auf ein Stück »Himmel auf Erden«.

Nach oben sehen

Meditation und Predigt zu Psalm 121

Klaus Johanning

I.

Ich hebe meine Augen auf zu den Bergen – manchmal ist einfach zu hoch, zu unüberwindlich, was auf mich zukommt.

Wie kann ich diesen Weg nur gehen?

Gott ist meine Hilfe.

Er geht neben mir, hinter mir, vor mir.

Er wird nicht zulassen, dass ich falle oder vom Weg abkomme.

Er schützt mich vor dem grellen, blendenden, mich bloßstellenden Licht der Schuld und vor der dunklen Kälte der Trauer.

Er behütet mich, wo immer ich hinkomme, wo immer ich hingehe.

Er lässt meine Seele nicht verderben, er gibt mich nicht der Vernichtung preis.

Ich hebe meine Augen auf zu Bergen. Ich wage es, weiterzugehen.

2.

In der kleinen Stadt, in der ich aufgewachsen bin, da gab es einen (wie ich fand:) besonderen Ort. Es war ein einsamer, verwilderter Weg am Ufer der Weser. Zur einen Seite floss träge das Wasser, auf der anderen standen uralte, hohle Weidenbäume.

In früheren Zeiten war das ein so genannter Treidelpfad. Die Schiffe hatten noch keinen Motor, und Menschen und Pferde zogen sie auf diesem Weg an dicken Seilen gegen die Strömung.

Das war lange vorbei, und die Natur eroberte sich den Pfad allmählich zurück.

In den Bäumen hatten sich Fledermäuse eingenistet, die man an milden Sommerabenden in der Dämmerung herumflattern sah. Die Sommerabende waren am schönsten. Bei gutem Wetter hätte man mich dort jeden Tag finden können, allein zwischen den Weidenbäumen und der Weser.

Ich traf selten jemanden auf diesem einsamen Weg, und bewusst aufgesucht habe ich ihn auch nur alleine. Es war mein ganz persönlicher Ort, meine Kirche, mein Beichtstuhl. Dort konnte ich traurig sein, über Gedichte nachdenken, die ich in jenen Tagen schrieb und nach einiger Zeit wieder vernichtete, von Mädchen träumen, für die ich mich interessierte und von Reisezielen, die ich aufsuchen wollte und meistens aus Büchern kannte – ich habe damals sehr viele Bücher gelesen. Es waren Geschichten, die im weitesten Sinne vom Reisen handelten, von Expeditionen, Fluchten, Beutezügen oder Abenteuerlust.

Mein kleiner Heimatort genügte mir nicht mehr; ich sehnte den Tag herbei, an dem ich aufbrechen würde, den Schulabschluss in der Tasche und jede Menge große Ideen im Kopf.

Als es dann so weit war, kam die erste Enttäuschung: Dort wo mein, wie ich meinte, »freies« Leben anfing, fand ich keinen Ort wie diesen. Entweder fehlte das beruhigende Plätschern des Wassers oder die Einsamkeit oder der geheimnisvolle Schatten der alten Bäume.

Ich bin seither viel herumgereist und habe nur wenige Plätze gefunden, die eine solche Zauberwirkung auf mich ausübten. Manchmal ähnelten sie meinem alten Treidelpfad an der Weser, manchmal waren sie auch ganz anders: verwitterte Felsen, Sanddünen, einsame Bäume, Quellen, Wegekreuze, kleine abgelegene Kirchen.

Ich hatte schon lange Jahre Theologie studiert, die geliebten Abenteuergeschichten fast vergessen, stattdessen dicke Bücher von klugen und weniger klugen Menschen gelesen, Bibeltexte untersucht und über Gott und die Welt gestritten.

Da entdeckte ich eines Tages ein altes Gebet, das mich seitdem begleitet hat. Es ist ein Bibeltext, den ich im kirchlichen Unterricht auswendig lernen musste und deshalb vielleicht aus Trotz wieder vergaß.

»Ein Wallfahrtslied«, so lautet sein Titel. Wallfahrer oder Pilger sind Menschen, die einen besonderen, einen magischen Ort suchen, die lange Wege gehen, um an irgendeinem fernen Platz das Heilige zu entdecken, die Stelle, wo man auf Erden den Himmel spüren kann.

Auf einmal empfand ich beim Lesen den Zauber wieder, den ich sonst nur so selten gefühlt hatte – die Atmosphäre des ganz besonderen Augenblickes. Und ich fühlte, dass Gott wie so ein besonderer Ort ist, den ich in mir trage. Ein Ort der Einkehr und der Orientierung.

Ich spürte: Leben hat etwas mit Suchen und auf dem Wege sein zu tun. Wir stehen nie still, sondern bewegen uns auf Ziele zu, die sich im Lauf der Zeit mit uns verändern.

Ich lese den 121. Psalm, meinen Lieblingspsalm, in der Übersetzung Luthers:

»Ein Wallfahrtslied.

Ich hebe meine Augen auf zu den Bergen. Woher kommt mir Hilfe?

Meine Hilfe kommt vom Herrn, der Himmel und Erde gemacht hat.

Er wird deinen Fuß nicht gleiten lassen, und der dich behütet,
schläft nicht.

Siehe, der Hüter Israels schläft und schlummert nicht.

Der Herr behütet dich; der Herr ist dein Schatten über deiner rechten Hand,

dass dich des Tages die Sonne nicht steche noch der Mond des Nachts.

Der Herr behüte dich vor allem Übel, er behüte deine Seele.

Der Herr behüte deinen Ausgang und Eingang von nun an bis in Ewigkeit!«

»Ich hebe meine Augen auf zu den Bergen. Woher kommt mir Hilfe« – wer diese Worte spricht, hat noch einen anstrengenden Weg, einen steilen Anstieg vor sich. Es ist nun einmal so, dass die Orte des Friedens, die wir suchen oder in uns haben, nur Zwischenziele sind, an denen wir nicht dauerhaft rasten können.

Immer wieder geht es steil bergauf, manchmal auch bergab, nur selten verläuft ein Lebensweg glatt und ohne Hindernisse.

Aber in jedem Fall ist es gut, nach oben zu blicken, sich nicht von drohenden Abgründen irritieren zu lassen. Jeder Bergführer gibt Menschen mit Schwindelgefühlen diesen Rat, und im Grunde trifft das auch für den Lebensweg zu. Wer immer nur in die Tiefe schaut, sich ängstigen lässt, wird das Selbstvertrauen verlieren. Sich Gott zuwenden heißt: nach oben blicken, Stärke entwickeln – auch wenn der Pfad seine Tücken hat.

»Er wird deinen Fuß nicht gleiten lassen« – die Indianer, so habe ich in Amerika gelernt, nennen einen schlechten, halsbrecherischen Weg nach einem bösen Geist »Moojigan«. Der »Moojigan« lauert Wanderern auf und greift nach ihren Füßen, damit sie stolpern und fallen.

Wenn ich meinen Lebensweg betrachte, bin ich auch so manches Mal dem »Moojigan« begegnet.

Der »Moojigan« hat mir in der Schule oft das Leben schwer gemacht, vor allem in Mathematik und Sport. Was war das für eine Quälerei!

Manchmal nahm er auch menschliche Gestalt an; Mitschüler, die mich ihre Überlegenheit spüren ließen, und all die vielen großen und kleinen Chefs, die ganz genau wissen, was man anders, richtig und natürlich auch besser machen muss.

Später, im Beruf, hatte er dann noch eine andere Qualität. Er wollte mich träge machen. »Was willst du dich noch lange streiten«, flüsterte er mir manchmal zu, »tu doch einfach, was die andern wollen, dann hast du deine Ruhe!« Oder: »Das schaffst du sowieso nicht. Du vergeudest nur deine Kraft, wenn du dich darauf einlässt.«

Der »Moojigan« will uns daran hindern, unser Ziel zu erreichen, indem er uns Hindernisse auf den Weg legt oder die Energie nimmt. Und er will uns abschneiden von dem, was uns ermutigt und bestärkt. Er möchte uns den Blick nach oben versperren, dass wir nur noch unsere müden Füße sehen.

»Meine Hilfe kommt vom Herrn, der Himmel und Erde gemacht hat; er wird deinen Fuß nicht gleiten lassen.«

Gott möchte, dass wir ankommen, dass wir nicht einfach aufgeben, dass wir unbeirrt weitergehen, auch wenn es uns manchmal schwer fällt.

Gott möchte ein Ort der Stärke sein, den wir auf dem Wege finden oder in uns bergen.

»Der Herr behüte deinen Ausgang und Eingang von nun an bis in Ewigkeit.«

Anfang und Ende, Kommen und Gehen – wir sind nicht unbehütet auf unserem Weg.

Es gibt zwischendurch Orte, da begegnet uns Gott – und wenn wir uns davon berühren lassen, dann tragen wir sie mit uns überall hin.

Dieser Beitrag ist denen gewidmet, die den schönen Ort meiner Jugend zum Naturschutzgebiet ernannt haben.

Gott verschlingt den Tod

Osterpredigt zu Jesaja 25,8–9

Mirko Peisert

Was haben Sie gestern zum Osterfest gegessen? Gab es ein besonderes, festliches Essen?

Ich hoffe, Sie haben Ostern auch mit einem großzügigen und reichen Essen gefeiert! Ich war Ostersonntag bei Freunden eingeladen. Es gab ein großes Buffet mit vielen Köstlichkeiten. Ein richtiges Festessen.

Ums Essen geht es auch im Predigttext heute aus dem Buch des Propheten Jesaja im 25. Kapitel. Jesaja träumt darin von einem großen Festessen. Er träumt davon, dass alle Menschen glücklich zusammenkommen und gemeinsam ein festliches, ausgelassenes Mahl verspeisen. Er schreibt:

Und der Herr wird auf diesem Berg allen Völkern ein fettes Mahl machen, ein Mahl von reinem Wein, von Fett, von Mark, von Wein, darin keine Hefe ist.

Und als Höhepunkt dieses Festessens passiert etwas ganz Verrücktes, da berichtet Jesaja:

Und Gott wird den Tod verschlingen auf ewig.

Ja, Sie haben richtig gehört: Gott isst den Tod auf! Er verspeist den Tod.

Gott wird den Tod verschlingen auf ewig. Und Gott, der Herr, wird die Tränen von allen Gesichtern abwischen und wird aufheben das Unglück seines Volks in aller Welt; denn der Herr hat es gesagt.

Zu der Zeit wird man sagen: Seht, das ist unser Gott, auf den wir hofften, dass er uns helfe. Das ist der Herr, auf den wir hofften; lasst uns jubeln und fröhlich sein über sein Heil.

Dieser Text des Propheten Jesaja ist der Text einer großen Sehnsucht. Der Sehnsucht nach einer anderen, glücklichen Welt. Der Prophet erzählt von einem großen Essen, an dem alle Völker der Erde teilnehmen und in Frieden zusammen feiern. Sicherlich wäre uns nicht mehr so wichtig, dass das Essen nun auch besonders fett ist. Die Sehnsüchte ändern sich. Aber die Älteren von Ihnen erinnern sich sicher noch an die Zeit, in der Butter etwas Besonderes war. Als fetter Braten und fette Sahne, Cremetorten ein außergewöhnlicher Luxus waren. Genau darum geht es dem Propheten. Jesaja denkt an ein reiches, luxuriöses, paradiesisches Mahl ohne irgendeinen Mangel. Alle werden satt. Alle sind fröhlich und glücklich. Die Tränen werden abgewischt. Aller Kummer, alle Sorge vergeht. Ein einzigartiges, großes Freudenfest.

Ja, und auch Gott feiert mit. Er ist der Gastgeber. Gott isst und feiert zusammen mit allen Völkern. Schließlich als Höhepunkt des ganzen Festessens verschlingt Gott den Tod. Gott isst den Tod auf.

Versuchen Sie sich das einmal vorzustellen: Gott verschlingt den Tod. Ich musste da zuerst an ein kleines Kind denken, dass in seinem Heißhunger einen ganzen Schokoriegel auf einmal in sich hineinstopft und verschlingt. Ich musste aber auch an eine Raubkatze denken, die nach einem Kampf schließlich ihre Beute packt und verschlingt.

Gott verschlingt den Tod. Das heißt doch:

Er verschluckt und verspeist ihn.

Gott verleibt sich den Tod ein.

Er nimmt ihn in sich hinein.

Damit aber bändigt er ihn.

Er ergreift Besitz von ihm und macht ihn zu seiner Beute.

Für mich klang das ganz und gar ungewöhnlich! Völlig unerwartet! Was soll das heißen, dass Gott sich den Tod einverleibt? Den Tod verschlingt? Martin Luther hat mich bei diesen Fragen auf eine Spur gebracht: Der Reformator hat die Vorstellungen Jesajas mit Ostern verbunden! Er hat den heutigen Predigttext in seinem Osterlied »Christ lag in Todesbanden« aufgenommen. Es ist die Nummer 101 im Gesangbuch. Wir haben es eben gesungen. Dort heißt es in der vierten Strophe:

Es war ein wunderlicher *Krieg,*
da Tod und Leben rungen,
das Leben behielt den *Sieg,*
es hat den Tod verschlungen.
Die Schrift verkündet *das,*
wie ein Tod den andern *fraß,*
ein Spott aus dem Tod ist worden.
Halleluja.

Auch hier hören wir, dass Gott den Tod verschlingt. Aber Luther denkt hier nicht an ein schönes Festessen wie der Prophet, sondern an einen Krieg. An einen Kampf, der zwischen Karfreitag und Ostern ausgetragen wurde. Ein Kampf zwischen Gott und dem Tod.

Es war ein wunderlicher Krieg, schreibt Luther. Leben und Tod bekriegen sich. Die beiden stehen sich wie zwei Krieger gegenüber und kämpfen gegeneinander.

Doch am Ende trägt das Leben Gottes den Sieg davon. Der Tod tötet Gott nicht. Er konnte Gott nicht packen und vernichten. Aber Gott hat mit seinem Tod am Kreuz den Tod besiegt. Der eine Tod hat den anderen Tod gefressen. Ja, Gott bändigt Tod, indem er ihn verschluckt. Wie eine Beute schluckt er ihn. Er verspeist und verschlingt ihn. Der Tod ist besiegt!

Das könnte nach einem einfachen Happyend klingen: Der Tod ist tot und Gott lebt. Aber ganz so einfach ist es nicht.

Dieser Kampf ist auch an Gott nicht spurlos vorübergegangen. Der Tod hat seine Spuren hinterlassen und Gott für immer gezeichnet. Ja, Gott ist ohne den Tod, ohne den Todeskampf gar nicht mehr vorzustellen. So erscheint der Sieger über den Tod, der auferstandene Gottessohn seinen Jüngern als Gekreuzigter. Der Auferstandene trägt weiter die Zeichen des Todeskampfes. Er behält die Wunden des Kreuzes, die Nägelstiche und die Seitenwunde. Der Tod gehört für immer zum Auferstandenen dazu. Das Leiden, der Tod sind zum Kennzeichen des Auferstandenen und zugleich zum Zeichen des Sieges über den Tod geworden.

Gott siegt über den Tod, indem er sich vom Tode kennzeichnen lässt und selbst stirbt. Er siegt, indem er sich den Tod zu Eigen macht und ihn sich einverleibt.

Das feiern wir heute, Ostern. Wir feiern, dass Gott den Krieg gegen den Tod gewonnen hat. Heute begehen wir das Fest, von dem Jesaja geträumt hat: Gott verschlingt den Tod für immer!

Seht, das ist unser Gott, auf den wir hofften, dass er uns helfe. Das ist der Herr, auf den wir hofften; lasst uns jubeln und fröhlich sein über sein Heil.

Aber ich weiß nicht, ob Sie das überzeugt. Der Jubel scheint doch noch etwas zu früh! Denn tatsächlich sieht es doch heute eher so aus, als hätte der Tod Gott verschlungen. Als hätte der Tod das Leben verschlungen und der Tod über das Leben gesiegt. Denn der Tod feiert auch heute immer neue Feste: Krieg und Vertreibung, Hunger und Krankheit sind überall.

Und wir feiern auch noch fröhlich mit: So erlauben die Niederlande es Ärzten künftig, unheilbar Kranke auf Wunsch zu töten. Die Regelungen gehen so weit, dass der Arzt selbst minderjährige Kinder töten kann, wenn die Eltern mit der Tötung einverstanden sind. Dabei liegt doch die Entscheidung über Leben und Tod allein bei Gott. Wir Menschen aber stellen uns auf die Seite des Todes. Wir spielen dem Tod zu, statt gegen ihn zu kämpfen. Wir lassen den Tod ruhig weiterschlingen.

Der Tod verschlingt unser Leben. Wer wollte das bestreiten?

Die Sehnsucht des Jesaja ist offenbar noch nicht erfüllt! Der Tod hat nicht aufgehört! Und dass alle Völker gemeinsam friedlich an einem Tisch sitzen, das ist heute genauso wie zu biblischen Zeiten ein Traum. Die Sehnsucht des Propheten nach einem Festmahl, an dem alle, wirklich alle satt werden und niemand ausgeschlossen ist, außer dem Tod, das gibt es auch 2000 Jahre nach der Auferstehung Jesu nicht.

Ja, Ostern bedeutet nicht das Ende des Todes. Er ist noch nicht vernichtet oder vielleicht besser: verdaut. Das erleben wir selber schmerzlich.

Der Tod hört nicht auf, aber trotzdem hat er keine Macht mehr. Gott befreit uns nicht vom Sterben und vom Tod, aber trotzdem sind Sterben und Tod die Verlierer.

Wie ist das zu verstehen?

Stellen Sie sich noch einmal vor, wie Gott den Tod verschlungen hat. Wenn Gott sich den Tod einverleibt hat, dann ist der Tod kein Ort mehr außerhalb von Gott. Dann ist der Tod kein Ort der Gottlosigkeit mehr, sondern der Tod ist in Gott. Er ist ein Teil Gottes und kann uns nicht mehr von Gott trennen. Auch im Tod sind wir nicht allein, sondern bei Gott. Wo auch immer der Tod hinkommt, da kommt Gott auch hin.

Paulus fasst das für mich sehr eindrucksvoll zusammen: Leben wir, so leben wir dem Herrn; sterben wir, so sterben wir dem Herrn. Darum: Ob wir leben oder sterben, so sind wir des Herrn.

Als ich vor wenigen Wochen meine erste Beerdigung hatte, da war ich sehr unruhig, und ich hatte große Sorge: Was kann ich sagen? Ich als junger Vikar? Wie kann ich die Angehörigen trösten? Ich habe lange überlegt.

Ich hätte genau das erzählen können, dass Gott den Tod verschlungen hat, ihn sich einverleibt hat und so wir auch im Tod nicht mehr allein sind, sondern in ihm. Wenn wir heute als Christen am Grab stehen, dann brauchen wir keine Angst mehr zu haben. Der Tod bedeutet für uns nicht das Ende, denn auch der Tod ist in Gott. Der Tod kann uns von Gott nicht trennen.

Dieser Glaube macht für uns das Sterben-Können möglich. Wir können sterben und Abschied nehmen.

Denn wir können gewiss sein, dass weder Tod noch Leben, weder Engel noch Mächte, noch Gewalten, weder Gegenwärtiges noch Zukünftiges, weder Hohes noch Tiefes noch eine andere Kreatur uns scheiden kann von der Liebe Gottes.

Ist das nicht ein Grund zur Freude und zum Feiern? Ein Grund für ein Festessen?

Ich wünsche Ihnen frohe Ostern!

Die Liebe hat keine Gewalt

Text: Jesaja 42,1–4

Ute Niethammer

Seht, das ist mein Knecht, den ich stütze, / das ist mein Erwählter, an ihm finde ich Gefallen.
Ich habe meinen Geist auf ihn gelegt, / er bringt den Völkern das Recht.
Er schreit nicht und lärmt nicht / und lässt seine Stimme nicht auf der Straße erschallen.
Das geknickte Rohr zerbricht er nicht, / und den glimmenden Docht löscht er nicht aus; / ja, er bringt wirklich das Recht.
Er wird nicht müde und bricht nicht zusammen, / bis er auf der Erde das Recht begründet hat. / Auf sein Recht warten die Inseln.

Hätte ich Ihnen heute eine hebräische Bibel mitgebracht, dann wäre Ihnen – auch ohne Kenntnis der Sprache – etwas an dem eben vorgelesenen Text aufgefallen. Er steht in Versform geschrieben, die Zeilen von dem Gottesknecht sind also eigentlich eine Art Lied. Es gibt im Buch Jesaja noch mehrere solcher Gottesknechtslieder, alle haben sie eine poetische Kraft, die als Prosatext kaum wiederzugeben ist. Alle diese im Prophetenbuch verstreuten Strophen besingen einen nicht näher bekannt gemachten Knecht Gottes. Als solchen zeichnet ihn aus, dass er sich ganz von Gott bestimmen lässt, dass er an Israels Statt Schuld trägt und sühnt und so Heil und Rettung für Israel und die ganze Welt bringt. Diese Passagen stammen aus der Zeit, in der das Volk Israel im Exil war, in Babylonien, und erstmals nach langen Jahren der nationalen und religiösen Depression wieder Hoffnung schöpfte. Hoffnung auf ihren Gott, den sie neu zu sehen lernten. Der Gottesknecht hat dabei die Funktion eines Bindeglieds zwischen Gott und Israel, bzw. allen Menschen.
Es wundert also nicht, dass die frühen Christen schon bald in Jesus den Gottesknecht erkennen wollten. Nach dem Tod und den Begegnungen mit bzw. Erzählungen über den Auferstandenen, war es nur ein noch kleiner Schritt dahin, die Worte über den Gottesknecht direkt auf Jesus Christus zu beziehen. Die Schriftlesung von der Taufe Jesu ist eine textliche Anspielung auf den heutigen Predigttext. Freilich passen diese

Zeilen zu dem Jesus, wie er uns in den Evangelien begegnet, aber es bleibt doch ein gewisser Mehrwert des alttestamentlichen Textes, er sperrt sich durch seine poetische Sprache und dem Beharren auf dem Recht gegen eine allzu schnelle rein christliche Interpretation. Ich habe versucht, dieses Dilemma damit aufzulösen, indem ich meinerseits ebenfalls auf Prosa verzichte und damit auch auf eine eingleisig festlegende Interpretation. Meine Verse sind als Wort an die Israeliten im Exil verfasst. Sie als heutige Zuhörende sind eingeladen, die Worte in der Vielschichtigkeit ihrer Deutungsmöglichkeiten auszuhalten und gleichzeitig eigene Assoziationen, Gedankensprünge und Parallelschlüsse zu wagen.

Ihr Leute von Israel, was seid ihr so stumm?
Tränen haben eure Gesichter zerfurcht,
und stumpf ist der einstige Glanz eurer Augen.
Wohl hat euch unser Gott in die Fremde geführt,
genommen, was euch heilig dünkte,
Tempel, König, Staatenrecht.
Doch hat er euch nicht das Leben gelassen
und euren Herzen Zeit zu forschen, wer Gott sei?

Ihr Leute von Israel, was seid ihr so stumm?
Tränen haben eure Gesichter zerfurcht,
und stumpf ist der einstige Glanz eurer Augen.
Wohl hat euch unser Gott vor Augen geführt,
dass Gottes Geist den Tempel nicht braucht
noch Opfer, Kult und Kampfgeschrei.
Doch hat er nicht einen Schein in die Herzen gegeben,
als Zeichen seines Tempels in euch?

Nichtse, die Götter Babylons,
die klamm an dumpfen Rhythmen kleben,
mächtig nur dem, der Macht besitzt
und Geld und Blut von vielen Sklaven.
Nicht so der Gott von Israel,
den kein Ort fasst, den niemand beugt,
mächtig nur dem, der Macht benutzt,
um Recht und Demut auszutragen.

Nichtse, die Götter Babylons,
die blind und taub und lebensfremd,
sind schemenhafte Holzgestalten
ganz ohne Atem, Hauch und Geisteskraft.
Nicht so der Gott von Israel,
der sieht und hört und achtet wohl
auf alles, was die Menschen treibt,
und sendet Odem, Leben, Geist.

Was jammert euch nach der zerstörten Pracht?
Dem Königsthron, dem Tempelhaus,
zu eng, zu klein, gebt den Gedanken Raum,
die Gott entgrenzen, seinen Geist beflügeln.
Seht doch, schon kommt er uns entgegen,
sein Lebensatem hebt und senkt auch mir die Brust.

Gott ist nicht, was ihr denkt, kein Herrscher,
der als Starker über Schwachen thront.
Sein Recht ist nicht Gewalt, kein Maß,
das Schwache quält und Starke noch belohnt.
Er wird sich zeigen und er wird erwählen,
einen, der fast ist wie er.
Der sich nicht binden lässt von weltlichen Gewalten,
der lebt und liebt mit ganzer Kraft.

Und so von Gottes Geist erfüllt,
gestützt von Gottes Liebe, wird er bringen,
was ganz allein den Namen Recht verdient.
Dass nämlich allen, die das Leben spüren,
die atmen, fühlen, hoffen, klagen,
ein Licht aufscheint, ganz gleich wie dunkel ihre Nacht.
Und keines Menschen Rang ist dann mehr zu gering.
als dass nicht Gottes Glanz sie träfe.

Auf welchen Wegen dieses Recht
zu uns kommt und das Leben bringt,
ist nicht bekannt, doch wird gewiss
sein Schritt gelenkt sein, dass er nicht,
was schwach ist, je zertrampeln könnte.

So leise wird sein Wirken sein, dass wir so
manches Mal hernach begreifen,
was eben erst an uns geschah.

Und keine Ruhe wird der Knecht
sich gönnen, bis nicht einst die ganze Welt
von Gottes Recht erfahren hat, das Recht,
das Liebe ist und unsre Mächte, unser Rangeln
zutiefst beschämt, weil unser Lärm und unser Streben
nur Mächtige bedient.
Der Knecht bringt Recht und holt die Schwachen aus
ihrer Dunkelheit ans Licht.

Ihr Leute von Israel, was seid ihr so stumm?
Trüben Tränen eure Augen, dass ihr den Gottesknecht nicht kennt?
Ihr spürt ihn dort, wo Gnade waltet,
wo Schwachheit niemals Makel ist.
Wo Lasten wohl verteilt so viele Schultern können nicht mehr beugen,
und jede Stimme wird gehört.
Geht ihm entgegen, lauscht aufmerksam auf seine leise Stimme,
und denkt daran: er ist nur dort, wo wird kein Leids getan.

Ihr Leute von Israel, was seid ihr so stumm?

Schließen möchte ich mit Gedanken von Theophil Askani, einem württembergischen Kirchenmann. Askani schreibt:
Die Liebe hat keine Gewalt, sie ist wehrlos, das weiß eine Mutter, und
wer das Schicksal einer Ehe vor Augen hat, der weiß es auch. Wer am
meisten liebt, kann sich am wenigsten wehren.
Auch die Liebe Gottes ist wehrlos. Man kann sie verlachen, vergessen
und mit Füßen treten, aber man kann sich auch darin bergen. Sie hat
keine Gewalt, aber sie hat Kraft, das ist ein Unterschied, und man kann
sich noch daran halten, wenn die Gewalten vergangen sind.
Amen.

Glaube ist keine Privatsache

Dialogpredigt über Jesaja 58,1–9a

Matthias Kreplin

Zwei Sprecher: Prophet (P) und Volk (V)

V: Liebe Gemeinde! Ich muss Sie warnen. Was jetzt gleich auf uns zukommt, wird keine angenehme Sache. Wenn Sie sich schnell angegriffen fühlen, wenn Sie leicht verletzbar sind, dann seien Sie jetzt auf der Hut. Da drüben wird gleich ein Prophet auftauchen, einer von den Gottesmännern, die sich den Propheten Jesaja als Vorbild genommen haben und darum an dessen Buch weiterschreiben. Ich kenne diesen Schüler Jesajas. Ein unangenehmer Zeitgenosse! Wir Jerusalemer können es ihm nur schwer recht machen. Und dabei sind wir doch wirklich bemüht. Wir haben die Lektion gelernt, die Gott unserem Volk erteilt hat. Als unsere Väter und Großväter den Glauben an Gott verlassen hatten, wurden sie von ihm bestraft. Jerusalem wurde zerstört und alle vornehmen Leute im Land in die Verbannung geführt. Zwei Generationen ist das her. Und diese Katastrophe war die Strafe für unser gottloses Tun. Aber jetzt sind wir zurückgekehrt nach Jerusalem. Jetzt wollen wir die Stadt und den Tempel wiederaufbauen, jetzt wollen wir mit Gott einen neuen Anfang machen. Wir haben unsere Lektion gelernt. Wir meinen es ernst mit Gott. So wie Sie doch auch. Sonst wären Sie ja nicht heute in die Kirche gekommen.

Gleich kommt er, dieser Prophet. Er hat angekündigt, er wolle über das Fasten reden. Ja – fasten, darum bemühen wir uns ehrlich. Alle Jerusalemer Bürger, die etwas auf sich halten, nehmen es ernst mit der Religion. Und dazu gehört, dass wir die Fastentage genau einhalten. Noch strenger, als es im Gesetz des Herrn vorgeschrieben ist. Ich sagte ja, wir wollen die Fehler der Vergangenheit nicht wiederholen. Und wie ist es bei Ihnen? – Ah, Fasten als religiöse Übung gibt es fast nicht mehr? Sie sagen: Man feiert zwar Fastnacht – die Tage vor Beginn der Fastenzeit –, aber Leute fasten höchstens noch zum Abnehmen oder um des geistigen und körperlichen Wohlbefindens wegen? Wie sich die Zeiten doch ändern! Aber das ist ja auch egal. Im Grunde geht es nicht ums Fasten, sondern um die Frage, ob man es ernst meint mit Gott. Und ob man da fastet oder betet oder seine Frömmigkeit auf sonst eine Art und Weise lebt, das ist dann eigentlich egal. Und fromm sind Sie auch. Sonst wären Sie ja nicht hier.

Aber da kommt er ja, der Prophet.

P: *(geht zum Mikrofon)* Hört, ihr Leute. So sprach Gott zu mir *(geht zum Altar)*:

Rufe aus voller Kehle, halte dich nicht zurück!

Lass deine Stimme ertönen wie eine Posaune!

Halt meinem Volk seine Vergehen vor und dem Haus Jakob seine Sünden!

(geht zurück zum Mikrofon) Und dann vernahm ich, was Gott über euch spricht *(geht wieder zum Altar)*:

Sie suchen mich Tag für Tag; denn sie wollen meine Wege erkennen.

Wie ein Volk, das Gerechtigkeit übt und das vom Recht seines Gottes nicht ablässt,

so fordern sie von mir ein gerechtes Urteil und möchten, dass Gott ihnen nah ist.

(geht zurück zum Mikrofon)

V: Ja, wir sind ein frommes Volk und nehmen die Religion ernst.

Aber Gott, antworte uns durch deinen Propheten.

Warum fasten wir, und du siehst es nicht?

Warum tun wir Buße, und du merkst es nicht?

P: Darauf will ich, der Prophet, euch antworten, ihr Jerusalemer Bürger:

Seht, an euren Fasttagen macht ihr Geschäfte

und treibt alle eure Arbeiter zur Arbeit an.

Obwohl ihr fastet, gibt es Streit und Zank,

und ihr schlagt zu mit roher Gewalt.

So wie ihr jetzt fastet, verschafft ihr eurer Stimme droben kein Gehör.

Darum hört, was Gott selbst zu euch spricht *(geht wieder zum Altar)*:

Ist das ein Fasten, wie ich es liebe,

ein Tag, an dem man sich der Buße unterzieht:

wenn man den Kopf hängen lässt, so wie eine Binse sich neigt,

wenn man sich mit Sack und Asche bedeckt?

Nennst du das ein Fasten und einen Tag, der dem Herrn gefällt?

Nein, das ist ein Fasten, wie ich es liebe:

die Fesseln des Unrechts zu lösen, die Stricke des Jochs zu entfernen,

die Versklavten freizulassen, jedes Joch zu zerbrechen,

an die Hungrigen dein Brot auszuteilen,
die obdachlosen Armen ins Haus aufzunehmen,
wenn du einen Nackten siehst, ihn zu bekleiden
und dich deinen Verwandten nicht zu entziehen.
(geht zurück zum Mikrofon). Du, Volk Jerusalems, höre darum meinen
Rat. Beherzige die Worte des Herrn.
Dann wird dein Licht hervorbrechen wie die Morgenröte,
und deine Wunden werden schnell vernarben.
Deine Gerechtigkeit geht dir voran, die Herrlichkeit des Herrn folgt
dir nach.
Wenn du dann rufst, wird der Herr dir Antwort geben,
und wenn du um Hilfe schreist, wird er sagen: Hier bin ich.

V: Habe ich es Ihnen nicht gesagt, liebe Gemeinde? Harte Worte, die wir
da gesagt bekommen. Da meinen wir es ernst mit der Religion – und
trotzdem ist es Gott und seinem Propheten nicht recht. Das kennen
Sie doch auch: Man betet zu Gott, man liest in der Bibel, man sucht
Gottes Nähe und doch bleibt Gott einem fern, erfährt man keine Hilfe. Wenn ich dich, Prophet, recht verstanden habe, dann liegt es an
uns selbst, dass Gott uns nicht erhört. Dann sind wir selbst schuld
daran? Ist Beten und Fasten, ist Bibellesen und in die Kirche gehen
denn nicht genug?

P: Eure Frömmigkeit ist nichts, wenn euer Handeln ihr widerspricht.
Euer Fasten wird zur Heuchelei, wenn ihr zugleich eure Untergebe-
nen bedrückt, euer Gebet wird zur Farce, wenn ihr zugleich andere
ausbeutet und die Not Leidenden im Stich lasst. Glaube und Handeln
lassen sich nicht trennen. Die Liebe zu Gott und die Liebe zum Nächsten gehören zusammen. Wer beides auseinander reißt, zerstört den
Glauben, von dem wendet Gott sich ab.

V: Aber haben wir nicht gelernt, dass wir Gott mit unserem Tun nicht
auf unsere Seite ziehen können? Haben wir nicht gelernt, dass unsere
guten Taten vor Gott keine Rolle spielen, dass wir nicht auf Grund unserer frommen Werke gerecht werden, sondern allein aus Gottes Gnade? Und jetzt soll auf einmal das Tun des Guten, das richtige soziale
Verhalten die Voraussetzung dafür sein, dass Gott unsere Gebete erhört und uns barmherzig ist? Wird da nicht alles auf den Kopf gestellt,
was ihr Propheten uns immer gelehrt habt?

P: Du hast Recht: Wir können mit unserem Tun Gott nicht auf unsere

Seite ziehen, wir können uns Gottes Gnade nicht durch das Tun des Guten verdienen. Aber wir können mit unserem Tun einen Ungeist verbreiten, der dem Heiligen Geist den Raum nimmt. Und dieser Ungeist macht sich dort breit, wo es uns in unserer Religion nur um unser privates Glück, nur um unseren eigenen Frieden und um *unsere* Erfüllung geht. Gottes Liebe gilt allen Menschen. Wer sie nur für sich selbst empfangen will, wem die Nächsten um sich herum und auch die fernen Nächsten egal sind, der verschließt sich selbst der Liebe Gottes. Glaube ist keine Privatsache. Wer auf Gottes Liebe und Barmherzigkeit vertraut, der sieht immer auch die anderen Menschen als von dieser Liebe und Barmherzigkeit Getragene. Der kann nicht anders, als Liebe und Barmherzigkeit auch an andere weiterzugeben.

V: Ich verstehe, was du meinst, Prophet. Aber schau dir die Welt an, es ist alles nicht so einfach, wie du sagst. Du forderst von uns, die Hungernden zu sättigen und die Obdachlosen aufzunehmen. Das klingt alles ganz gut. Aber was wird die Folge sein, wenn wir deinen Anweisungen folgen? Werden die Leute nicht aufhören zu arbeiten, wenn sie Essen und Wohnung umsonst bekommen? Warum soll sich dann noch jemand anstrengen? Du forderst auch, dass wir die Versklavten freilassen. Aber wer wird dann noch seine Schulden zurückzahlen, wenn er nicht mehr Angst haben muss, dass sein Besitz verpfändet wird und er in die Schuldsklaverei verkauft wird. Und wenn niemand mehr Schulden zurückzahlt, wer wird dann noch Geld verleihen? Unsere ganze Wirtschaft wird zusammenbrechen. Und was soll dann aus dem Aufbau unserer Stadt Jerusalem und unseres Landes werden?

P: Redest du so, weil du dich auf leisen Sohlen aus der Verantwortung stehlen willst? Es gibt immer scheinbar vernünftige Gründe, warum die Reichen immer mehr und die Armen immer weniger bekommen müssen. Und mit diesen so vernünftig klingenden Worten wird schon zu lange Zeit begründet, dass eine Welt im Grunde schon richtig ist, in der die einen hungern und in Elend leben und die anderen ein Leben in Überfluss und Luxus führen. Redest du also so, weil du dich aus der Verantwortung für die Not leidenden Brüder stehlen willst?

V: Ich möchte nicht leugnen, Prophet, dass ich mich vom Elend dieser Welt überfordert fühle. Ich kann nicht aller Not ein Ende setzen, so weit reichen meine Möglichkeiten nicht. Gewiss gebe ich hier und da eine Spende. Aber ich frage mich auch, ob es Sinn macht, einem Bettler Geld zu geben, nur damit er ins nächste Gasthaus rennt, um sich mit Wein voll laufen zu lassen. Und dann, Prophet, schau dir diese Gemeinde an. Bei ihnen sind die Verhältnisse noch einmal anders als bei uns. Gewiss gibt es auch bei ihnen Obdachlose und Notleidende. Aber bei ihnen sorgt der Staat dafür, dass niemand hungern muss und obdachlos zu sein braucht. Die wirklich Notleidenden in ihrer Zeit leben am anderen Ende der Erde, weit entfernt. Und das Elend dort ist groß und übermächtig. Wie soll man dort helfen? Prophet, ich fühle mich oft so ohnmächtig gegenüber der Not und dem Elend. Was kann ich mit meiner kleinen Kraft schon tun? Was kann diese Gemeinde tun in einer Welt, die so kompliziert und unüberschaubar geworden ist?

P: Ihr müsst nicht das ganze Elend dieser Welt auf euren Schultern tragen. Damit seid ihr wahrhaftig überfordert. Aber hütet euch davor, das Elend dieser Welt ganz aus eurem Leben auszublenden. Hütet euch davor, von Gott nur euer privates Glück zu erhoffen. Vergesst nicht, dass Gott ein Gott aller Menschen ist. Darum betet auch nicht nur für euch selbst und die Menschen, die euch wichtig sind. Vergesst in euren Gebeten die Menschen nicht, die unter Elend und Not leiden. Vergesst nicht, dass Gottes Friede größer und weiter ist als euer Herz. Das ist das Erste.

Und nun das Zweite: Unterstützt die Menschen, die sich um eine gerechtere Welt bemühen. Unterstützt sie zunächst mit eurem Interesse. Hört ihnen zu, wenn sie erzählen. Ladet sie ein, wenn ihr die Möglichkeit habt. Und unterstützt sie mit euren Spenden. So wie ihr es könnt. Gerade auch in eurer Welt, liebe Gemeinde, die so kompliziert ist und in der es viele staatliche Fürsorge gibt, braucht es doch Initiativen und Gruppen, die mehr machen, als der Staat leisten kann. Die sich auch noch um die Menschen bemühen, die der Staat nicht erreicht. Ich denke zum Beispiel an das Café Löffel, in dem viele, die auf der Straße leben, ein Zuhause gefunden haben. Ich denke auch an Brot für die Welt. Unterstützt solche Initiative, wo ihr es nur könnt.

Und das Dritte: Informiert euch darüber, wie ihr verstrickt seid in eine Wirtschaft, die auf der einen Seite der Welt die Reichen immer reicher werden lässt und auf der anderen Seite die Armen immer ärmer macht. Fragt danach, warum Bananen und Äpfel, die vom anderen Ende der Welt kommen, billiger sind als einheimisches Obst! Das geht doch nur, wenn die, die solches Obst anbauen, ausgebeutet werden. Und zugleich verlieren eure eigenen Obstbauern ihre Arbeit und ihr Einkommen, weil alle nur noch das billige Obst kaufen. Fragt danach, wie das Obst, der Tee und der Kaffee, den ihr kauft, in den armen Ländern hergestellt werden. Wie viel Gift dort verwendet wird, was die Menschen mit ihrer Arbeit verdienen. Und dann seid bereit, mehr Geld auszugeben für Kaffee und Tee, der fair gehandelt ist. Dann seid bereit, mehr Geld auszugeben für Obst, das ohne viel Gifte angebaut ist. Kauft nicht nur das Billigste, sondern fragt, wie es hergestellt wurde! Wenn ihr einkauft, entscheidet ihr mit darüber, ob andere Menschen bei euch oder am anderen Ende der Erde unter ein Joch gedrückt werden, oder ob sie aufatmen können. Den Elenden aufzuhelfen geht nicht nur durch Spenden und unmittelbare Hilfe, wichtig ist auch, dass ihr überlegt einkauft.

Den Elenden dieser Welt direkt und indirekt beistehen, das ist das Fasten, wie es Gott gefällt.

V: Aber sag, Prophet: Ist es dann wirklich so, wie du vorhin gesagt hast: Wenn wir den Notleidenden helfen, dann wird Gott unsere Gebete erhören, wenn wir dann um Hilfe schreien, wird er sagen: Hier bin ich?

P: Sicher wird Gott nicht alle eure Gebet erhören und manches Mal wird er euch fern und unverständlich erscheinen. Aber Gott verspricht euch: Was ihr einem meiner geringsten Brüder getan habt, das habt ihr mir getan. (Mt 25,40) Und jede gute Tat, die ihr tut, wird Gott auf euch zurückfallen lassen. Alle Güte, die ihr übt, wird doppelt und dreifach zu euch zurückkommen. Jetzt in dieser Welt und erst recht in der zukünftigen. Keine Tat der Liebe geschieht umsonst. Darauf könnt ihr vertrauen.

Von Gott, der den Toten ihre Gräber öffnet

Zum Gedenktag für die Opfer des Nationalsozialismus
Text: Ezechiel 37,1–14

Gregor Etzelmüller

»Unsere Gebeine sind verdorrt, und unsere Hoffnung ist verloren, und
es ist aus mit uns« – so klagt im Exil das ganze Haus Israel. So sprechen
Menschen, die unter dem Druck ihres Leidens nicht mehr atmen können. So sprechen Menschen, deren Zukunft das Gesicht eines erbar-
mungslosen Todes angenommen hat. So spricht man, wenn man am
Ende ist.
Wer so am Ende ist, der braucht jemanden, der kommt und zu ihm sagt:
»So spricht Gott, der Herr: Siehe, ich will eure Gräber auftun und hole
euch, mein Volk, aus euren Gräbern herauf, und führe euch in ein Land,
da Milch und Honig fließt.«
Dieses Wort will sich Glauben schaffen. Denn Menschen, die alle Hoffnung verloren haben, sollen den Glauben wiederfinden, dass die Bilder
der Hoffnung voll Wirklichkeit sind.
»Unsere Gebeine sind verdorrt, und unsere Hoffnung ist verloren, und
es ist aus mit uns.« Immer wieder in der Geschichte Israels – nicht nur
zu Zeiten Ezechiels – ist diese Klage laut geworden. Wir gedenken heute
der Opfer des Holocaust – da vor 57 Jahren sowjetische Truppen das
Konzentrationslager Auschwitz befreit haben. Doch für viele war das Leiden damit noch nicht zu Ende. Als die sowjetischen Truppen im Januar
1945 auf Auschwitz vorrücken, da werden die noch Lebenden von den
Nazis auf Eisenbahnwaggons gepfercht, die sie nach Westen bringen sollen – in andere Konzentrationslager. »Unsere Gebeine sind verdorrt,
und unsere Hoffnung ist verloren, und es ist aus mit uns« – ich höre in
diesem Klagelied Israels auch ihre Klagen. Der Überlebende Elie Wiesel
erinnert sich an die Fahrt von Auschwitz nach Buchenwald:
»Plötzlich ertönte im Waggon ein Schrei, der Schrei eines waidwunden
Tieres. Jemand hatte soeben seine Seele ausgehaucht.
Andere, die gleichfalls im Begriff waren zu sterben, ahmten seinen
Schrei nach. Bald schrien alle. Klagen, Seufzen, Verzweiflungsrufe in

Sturm und Schnee. Die Hysterie griff auf die anderen Wagen über. Bald erhoben sich hunderte von Schreien zugleich, ohne zu wissen, gegen wen, ohne zu wissen, warum. Es war das Todesröcheln eines ganzen Eisenbahnzuges, der das Ende nahen fühlte. Ein jeder von uns würde hier zugrunde gehen. Alle Grenzen waren überschritten. Niemand hatte noch Kraft. Und die Nacht wollte nicht enden.«

Diese Nacht kann ich mir kaum vorstellen. Ich bin dankbar dafür, dass mir Erfahrungen erspart wurden, die es erlauben würden, diese Nacht in Bilder zu fassen. Aber das, was ich von diesem Schrei im Ohr habe, reicht, um aus unserem Predigttext das Unfassbare herauszuhören. Diesen Schrei im Ohr höre ich, was Gott zu dem Propheten spricht: Darum weissage und sprich zu ihnen: So spricht Gott, der Herr: Siehe, ich will eure Gräber auftun und hole euch, mein Volk, aus euren Gräbern herauf, und führe euch in das Land Israels!

Vor dem Parlamentsgebäude in Israel steht ein siebenarmiger Leuchter. Man erkennt auf diesem Leuchter ein Relief, das von der Vision Ezechiels inspiriert ist: Man sieht, wie die vier Winde das Gewand eines jungen Mannes aufbauschen, der sich kraftvoll vorwärts schreitend aus dem Bild heraushebt. Er blickt auf menschliche Skelette zu seinen Füßen. Und siehe, es lagen sehr viele Gebeine über das Feld hin, und siehe, sie waren ganz verdorrt. So hat es nicht nur der Prophet in seiner Vision gesehen, sondern auch die sowjetischen Soldaten, als sie in Auschwitz eindrangen.

Aber von den Händen dieses jungen Mannes scheint Segen auszugehen, der den Skeletten Fleisch und Geist vermittelt. Die Toten richten sich neu auf.

Die Botschaft dieses Reliefs ist deutlich: In der Rückkehr der Juden nach Israel hat Gott erneut seine Verheißung erfüllt: Siehe, ich will eure Gräber auftun und hole euch, mein Volk, aus euren Gräbern herauf und bringe euch ins Land Israels.

Neben die Erinnerung an das Grauen von Auschwitz tritt hier die Erinnerung an Gottes lebendig machenden Geist. Und der siebenarmige Leuchter scheint uns zu mahnen: Erzählt – erzählt von den großen Befreiungstaten Gottes. Erzählt, wie er sein Volk wieder nach Israel gebracht hat, erzählt, wie er sein Volk wieder auf eigene Füße gestellt hat, erzählt, wie ein großes Heer entstanden ist. Ja, auch das Letzte will erzählt sein: wie ein großes Heer entstanden ist. Wir bringen oft wenig

Verständnis auf für die Politik des Staates Israel, die so sehr auf militärische Stärke setzt. Aber für die Nachkommen der Opfer bedeutet das »Nie wieder Auschwitz« eben vor allen Dingen: Nie wieder Opfer werden! Nie wieder wehrlos sein! Nie wieder abgeschlachtet werden können!

»Unsere Gebeine sind verdorrt, und unsere Hoffnung ist verloren, und es ist aus mit uns« – wenn diese Klage auch in unseren Gottesdiensten laut wird, dann müssen wir auch von uns reden. Und es ist aus mit uns – wir hängen mit drin in dieser Geschichte. Es ist nicht nur eine Geschichte Israels – es ist auch die Geschichte unserer Kirche.

Und siehe, es lagen sehr viele Gebeine über das Feld hin, und siehe, sie waren ganz verdorrt. Was liegt noch auf diesem Feld? Vieles sehe ich dort, was uns evangelischen Christinnen und Christen lieb und teuer ist: die Sprache unserer Lutherbibel, verkommen als Sprache, die das Morden organisiert, die Musik Johann Sebastian Bachs, bekanntlich auch von Lagerkommandeuren hoch geschätzt, die diakonischen Einrichtungen unserer Kirche, auf die wir so stolz sind: Bethel, aber auch der Schwarzacher Hof, die viele ihrer Bewohner nicht schützen konnten, die Würde des Menschen, die wir in der Rechtfertigungslehre begründet sehen. So vieles, was unsere Kirche auszeichnet, liegt dort zwischen den Knochen, verdorrt, ohne den Geist des Evangeliums.

Dass auf diesem Leichenfeld meine Sprache liegt, das ist mir in Washington im Holocaust-Memorial bewusst geworden. In diesem faszinierenden Museum hängen Hetzplakate und Lagerordnungen. Das Museum war voll, als ich es besuchte, und doch, mir schien, ich sei der Einzige, der all diese Plakate las. Bis mir auffiel, die anderen lesen die Übersetzungen neben mir. Nur ich als Deutscher konnte die Originale lesen.

Das Leichenfeld, das unser Prophet sieht, ist auch das Totenfeld unserer Sprache, unserer Musik, unserer diakonischen Einrichtungen, das Gräberfeld unserer Kirche. Siehe, jetzt sprechen sie: Unsere Gebeine sind verdorrt, und unsere Hoffnung ist verloren, und es ist aus mit uns. Darum weissage und sprich zu ihnen: So spricht Gott, der Herr: Siehe, ich will eure Gräber auftun und hole euch aus euren Gräbern hervor.

Steht diese Verheißung auch über unserem Totenfeld? Man wird da mit Ezechiel nur antworten können: Herr, mein Gott, du weißt es. Und doch entdecke ich auch hier eine Spur der Auferstehung. Ich erkenne ein Gleichnis der Auferstehung darin, dass die deutsche Sprache nach

1945 den Satz bilden konnte: Die Würde des Menschen ist unantastbar. Das ist ein Geschenk, das wir gar nicht hoch genug schätzen können. Ich erkenne ein Gleichnis der Auferstehung darin, dass heute Juden aus Russland nach Deutschland kommen und hier in Einrichtungen der jüdischen Gemeinden Deutsch lernen. Dass Juden jemals wieder Juden Deutsch lehren würden, das konnte man 1945 nicht erwarten. Ein Gleichnis der Auferstehung – das war für mich im Studium auch eine besondere Weihnachtsfeier. Im Advent hatte uns unsere Hebräisch-Lehrerin, selbst Tochter von Überlebenden eines Konzentrationslagers, zu sich eingeladen. Sie erklärte uns das Chanukka-Fest, ein jüdisches Fest, das in die Nähe unseres Weihnachtsfestes fällt. Wir sangen hebräische Chanukka-Lieder, doch dann sagte sie, wir sollten auch einige deutsche Weihnachtslieder singen. Für mich – ein Gleichnis der Auferstehung.

»Unsere Gebeine sind verdorrt, und unsere Hoffnung ist verloren, und es ist aus mit uns« – ich höre in diesem Klageruf auch die Stimme eines Mannes, der lange Jahre seinen Vater gepflegt hat – unter Aufwendung all seiner Kraft, unter Verzicht auf eine eigene berufliche Karriere. Doch das Schlimmste war, sagt er, über 12 Jahre seines Lebens weiß ich nichts. Als ich ihn beerdigte – meinen Vater, vielleicht den Menschen, dem ich von allen am nächsten stand –, da hatte ich das Gefühl: Du beerdigst deinen Vater, doch in allem, was dich mit ihm verbindet, klafft ein tiefes Loch – zwölf Jahre tief!

Nur selten reden wir in Deutschland über diese Gefühle, obwohl sie zumindest eine ganze Generation im Innersten zutiefst aufwühlen! Wie sollte es anders sein, angesichts der Tatsache, dass dort auf den Leichenfeldern auch unsere Geschichte liegt. Und zwar so, wie es der Prophet sieht: ganz verdorrt, ohne jede Gestalt. Wir würden sie gar nicht wieder erkennen: den liebevollen Großvater als Wehrmachtssoldat, den fürsorgenden Familienvater in SA-Uniform, die Großmutter, wie ging sie mit Zwangsarbeitern um? Es sind auch unsere Familiengeschichten, die dort auf dem Feld voller Gebeine liegen.

Und diese Familiengeschichten beschäftigen im Stillen viele von uns bis heute. In tiefer Einsamkeit leiden sie darunter, wenn sich der Schatten dieses Leichenfeldes nachts auf ihre Seele legt.

Siehe, jetzt sprechen sie: Unsere Gebeine sind verdorrt, und unsere Hoffnung ist verloren, und es ist aus mit uns. Darum weissage und sprich zu ihnen: So spricht Gott, der Herr: Siehe, ich will eure Gräber auftun und hole euch aus euren Gräbern hervor.

Diese Zusage hat im Blick auf unsere Familiengeschichten auch etwas Verheißungsvolles: Denn die Auferstehung wird ans Licht bringen, was nun noch verborgen auf den Leichenfeldern liegt. Der Mann, der seinen Vater als einen Fremden beerdigt hat, wird ihn nun in seiner ganzen Geschichte kennen lernen. Die Wahrheit wird ihn frei machen: frei, Schuld anzunehmen, und frei, Vergebung anzunehmen.

Denn die Wahrheit unseres Lebens ist mehr als die Summe unserer Schuld. Zur Wahrheit unseres Lebens gehört der Geist Gottes, der lebendig macht. Aus der Vergangenheit greift eine Schuld nach uns, die uns in den Tod ziehen will. Aber aus der Zukunft hören wir eine Stimme, die uns ins Leben ruft: Ich will meinen Geist in euch geben, dass ihr wieder leben sollt, und will euch in euer Land setzen, und ihr sollt erfahren, dass ich der Herr bin. Dieser Stimme möchte ich trauen.

Daniel fällt auf

Zum Buch Daniel

Ingrid Keßler-Woertel

Der Mann, über den ich Ihnen heute erzählen möchte, hieß Daniel. Daniel, dieser Name wird heute wieder oft gebraucht, viele Eltern nennen ihre Kinder Daniel, der Name gefällt ihnen. Meistens wissen die Eltern gar nicht, dass der Name Daniel eine besondere Bedeutung hat, es ist ein hebräischer Name und heißt so viel wie: Gott ist mein Richter.

Und nun möchte ich über diesen ersten Daniel berichten. Er wurde vor mehr als 2600 Jahren in Jerusalem geboren. Dort wuchs er auf, doch er ist noch nicht erwachsen, als sein Heimatland von Feinden, den Babyloniern, überfallen wird. Seine Familie, die Führungsschicht des Landes, Zehntausende werden in einem Treck fortgeführt: Ein Fußweg von über 1000 km liegt hinter ihnen, als sie todmüde im Land der Feinde, in Babylonien ankommen. Fremd sind sie dort, ängstlich, fühlen sich wie

Ausgestoßene, und sehnen sich mit ganzem Herzen zurück in ihre Heimat.

Und, liebe Gemeinde, ich denke, das können wir auch heute noch nachempfinden: die Angst der Menschen, die sich jetzt in der neuen Umgebung zurechtfinden müssen. Wie viele Menschen haben nicht ihr Land, ihre Heimat, ihre Freunde in den letzten Jahrhunderten verlassen müssen. Ich denke an diejenigen, die in den 30er- und 40er-Jahren des letzten Jahrhunderts, gezwungen durch Hitlers Gewaltregime, die Heimat verlassen mussten, denen die Flucht nach Amerika gelang. Oder an diejenigen, die nach 1945 ihre Heimat verlassen mussten und in langen Trecks nach unendlichen Mühen hierher kamen. Oder noch früher, um das Jahr 1900, als viele, die hier in Deutschland keine Bleibe mehr hatten, nach Amerika auswanderten. Ich denke an die Flüchtlinge unserer Zeit, die getrieben von Kriegen und politischen Auseinandersetzungen überall auf dieser Welt sich einfanden.

Gemeinsam ist ihnen allen, dass sie nicht freiwillig gingen, dass sie gezwungen wurden – sei es durch Hunger oder durch die Regierung oder durch den Krieg. Doch die Sehnsucht nach der alten Heimat blieb immer im Herzen zurück. Und sprechen Sie einmal mit Menschen, die heute ihre Heimat verlassen müssen, Kurden z. B., die wegen ihrer Andersartigkeit, wegen ihres anderen Glaubens in der Türkei verfolgt werden, und deshalb fliehen: Sie alle haben die Sehnsucht zurückbehalten ... die Sehnsucht im Herzen: »Eines Tages, eines Tages können wir zurück. Eines Tages können wir in unserer Heimat leben, wie wir es möchten: nach unseren Regeln und mit unserem Glauben.«

Aber zurück zu Daniel, der inzwischen ein junger Mann geworden ist. Daniel, dessen Name übersetzt heißt: Gott ist mein Richter. Daniel ist ein sehr kluger Kopf, er macht das, was wir heute Karriere nennen würden. Er schlägt die Politikerlaufbahn ein, wird einer der drei führenden Männer im Staat. Der regierende König Darius macht Daniel selbst zu einem seiner vertrautesten Minister.

Daniel ist beliebt: beim Volk und bei seinem König. Doch in einem unterscheidet sich Daniel von all den anderen Politikern: Sein Gott ist ein anderer. Daniel verehrt nicht die verschiedenen Götter, so wie es in Babylon üblich ist, er verehrt weiter den Gott, den er in Israel kennen gelernt hat, den Gott, den auch wir kennen. Den Gott, der das Volk Israel aus Ägypten geführt hat und ihm beisteht. Den Gott, der gesagt hat: »Ich bin der Herr, dein Gott, du sollst keine anderen Götter haben neben mir.« Diesen Gott verehrt Daniel aus tiefstem Herzen, zu ihm betet er, ihn lobt er, von diesem Gott sagt er: »Du bist mein Gott, und keiner sonst.« Wie schwer mag es für Daniel gewesen sein, so aus und im Glauben zu leben. Vor ein paar Monaten traf ich einen Mann wieder, den ich Jahre nicht gesehen hatte. Früher, daran erinnere ich mich, früher haben wir uns im Gottesdienst getroffen, haben auch ab und an über Glaubensdinge gesprochen. Als ich ihn fragte, ob er noch Kontakte zu seiner alten Kirchengemeinde hat, da lachte er ein wenig verlegen und sagte dann: »In meiner Stellung macht man nicht mehr in Kirche. Ich würde mich ja lächerlich machen, wenn die Kollegen das rauskriegen.«

So ist das, wenn man meint, Gott der Karriere opfern zu müssen. Wenn einer etwas anders ist als die anderen, dann fällt er auf.

Daniel, er ist anders. Seine Religion, seinen Glauben, sein Beten, seinen Gott kann und will er nicht verbergen. Und deshalb fällt er auf. Und weil er Erfolg hat in seiner Arbeit, in seiner Politik, fällt er doppelt auf, nämlich den anderen, die nicht so viel Erfolg haben, die neidisch auf seinen Erfolg blicken und bei sich denken: »Wie können wir dem nur eins ans Bein flicken?« Und dann finden sie den »wunden Punkt«. Sie gehen zum König, die Neider, die Eifersüchtigen, und schwärzen den Daniel an: »Der Daniel betet einen fremden Gott an, das darf er nicht, das lässt unser Gesetz nicht zu, deshalb muss er bestraft werden.« Und der König kann nicht anders, gerne möchte er dem Daniel helfen, doch er selbst hat das Gesetz erlassen, dass nur die babylonischen Könige angebetet werden dürfen.

Traurig lässt er Daniel vor sich kommen und sagt ihm: »Du betest einen falschen Gott an, das ist verboten, ich muss dich mit der üblichen Strafe bestrafen, du musst für eine Nacht in die Löwengrube. Dein Gott möge dir helfen.«

Dann wird Daniel abgeführt und in die Löwengrube geworfen, ein Stein wird vor die Grube gelegt. Daniel ist allein mit den Löwen, die Neider freuen sich – keiner hat je diese Strafe überstanden, die Löwen haben noch alle zerfetzt.

Mag sein, liebe Gemeinde, dass nun der eine oder die andere denkt: »Jetzt nimmt das aber märchenhafte Züge an: Da ist nichts Wirkliches dran.«

So dachte ich auch, bis ich dieser Tage den Bericht eines jungen Mädchens las, die die schlimmste Nacht ihres Lebens schilderte. Das Mädchen erzählt: »Mein Freund hatte mich verlassen, wegen meiner besten Freundin, und so habe ich die beiden Menschen, die ich am liebsten hatte, auf einmal verloren. Als ich davon erfuhr, bin ich in verschiedene Apotheken gegangen und habe alle Tabletten gekauft, die man mir so gab. Ich wollte nicht mehr leben, nicht ohne meinen Freund, nicht ohne meine Freundin. Die ganze Nacht habe ich am Tisch gesessen, vor mir ein großes Glas Wasser und die vielen Tabletten, alle auf einem Haufen. Ich habe geweint, mit mir selbst gesprochen, nachgedacht. Und als die Nacht fast um war, da fiel mir auf einmal eine alte Geschichte ein, die ich im Kindergottesdienst einmal den Kindern erzählt habe. Die Geschichte von Daniel in der Löwengrube, wie er eine Nacht ganz allein mit den Löwen in der Grube verbrachte. Und als ich die Tabletten wieder anschaute, da kamen sie mir vor wie Löwen, die mich fressen wollten. Eine Stunde noch habe ich mit mir gerungen, dann habe ich alle Tabletten genommen und in der Toilette fortgespült. Und ich hatte das Gefühl, über die Löwen gesiegt zu haben. Und wer weiß: Vielleicht war es ja auch Gottes Fingerzeig, der mich an diese Danielgeschichte erinnert hat und mich dadurch beschützt vor einer dummen Tat.«

Daniel in der Löwengrube, er überlebt die Nacht mit den Löwen. Am nächsten Morgen – so erzählt die Bibel, lässt der König die Löwengrube öffnen, und ihr entsteigt ein unversehrter Daniel, gesund und munter. Und so fährt der Erzähler der biblischen Geschichte fort: Da ist der König sehr beeindruckt von der Macht des Gottes, den Daniel anbetet. Er befiehlt: »Das ist mein Befehl, dass man in meinem ganzen Königreich den Gott Daniels fürchten soll. Denn er ist der lebendige Gott, der ewig bleibt, und sein Reich ist unvergänglich, und seine Herrschaft hat kein Ende. Er ist ein Retter und Nothelfer, und er tut Zeichen und Wunder im Himmel und auf Erden.«

Eine schöne Geschichte im hebräischen Teil unserer Bibel, die zeigt, wie Gott das Leben eines Menschen leiten und retten kann.

Schade eigentlich, dass diese alten Geschichten so wenig gelesen und erzählt werden, vielleicht noch im Kindergottesdienst werden sie erwähnt, aber sonst?

Da werden die meisten Leute abwinken und sagen: »Ach, Löwengrube, gibt's doch heute gar nicht mehr!«

Und doch höre ich ganz leise die Stimme des Mädchens, die von Freund und Freundin betrogen wurde, und die sich eine Nacht lang vorkam, als müsse sie mit den Löwen kämpfen. Und ich denke an den Bekannten von früher, der Gott der Karriere geopfert hat. Ein wenig kommt er mir vor wie einer, der in der Löwengrube zerfleischt wird. Denn eines sagte er mir noch: »Weißt du, Konkurrenzkampf ist hart, sehr hart. Jeder will jeden zerfleischen, jedem eins auswischen, den anderen zur Seite drängen, und man steht da ganz alleine auf weiter Flur.« Und darum, liebe Gemeinde, an Geschichten wie diesen – und anderen, die Sie und ich jetzt beisteuern könnten, daran sehen wir, dass es Löwengruben auch heute noch gibt. Natürlich im übertragenen Sinn. Du kannst statt Löwengrube sagen: Machtkampf, Neid, Bosheit, einen fertigmachen wollen, über einen anderen schlecht reden, einen aus der Gemeinschaft ausstoßen.

Und sehen Sie, das können wir von Daniel lernen: Der sagt nicht zum König: »Okay, ich gebe auf, ich bete jetzt irgendeinen anderen Gott an.« Sondern Daniel sagt: »Dieser Gott hat mir geholfen, er wird mir auch weiterhin helfen.« So überwindet er die Löwengrube.

Die Wege Gottes – Umkehr und Erneuerung

Zum 9. November
Text: Jona 3–4

Ulrike Heimann

Kein Datum, kein Tag im Jahr ist für uns als Deutsche so besetzt wie der 9. November. Und gleichzeitig macht kein Tag die Zerrissenheit unserer Welt deutlicher als dieser eine, indem er uns beides in Erinnerung ruft: das absolute Grauen und die unerwartetste Freude.

9. November 1938: Reichspogromnacht. Die Synagogen brennen, jüdische Mitbürger werden ermordet, in Konzentrationslager verschleppt, die Endlösung wird sichtbar.

9. November 1989: Fast nebenbei öffnet sich die Mauer; der Eiserne Vorhang – er ist nicht mehr; Menschen liegen sich in den Armen, sie la-

chen und weinen; die Buchstaben des Psalms 126 sind Fleisch geworden unter unseren Augen: »Wenn der Herr die Gefangenen Zions erlösen wird, so werden wir sein wie die Träumenden. Dann wird unser Mund voll Lachens und unsere Zunge voll Rühmens sein.« Wer hatte damals nicht das Gefühl teilzunehmen an dem Frühling einer neuen Weltgeschichte jenseits des Kalten Krieges, jenes Erbes des 9. November 1938? Wer dachte nicht: Endlich ein Sieg der Vernunft, der Friede kommt, endlich!

Doch die Ernüchterung kam schneller als gedacht: der Golfkrieg, das Völkermorden in Bosnien und Ruanda, die Eskalation des Terrors am 11. September 2001, die aussichtslos festgefahrene Situation in Palästina/Israel, um nur die Augenfälligsten zu nennen. Da drängt sich die Feststellung auf: Unsere Welt ist unverbesserlich.

Was lohnt es, sich für Menschlichkeit einzusetzen, auf Veränderungen hinzuarbeiten, wenn es einem am Ende geht wie Sisyphus in der griechischen Sage, der einen Stein mühsam bis zum Gipfel eines Berges emporwuchtet, um dann zu erleben, dass er ihm jedesmal, wenn er gerade oben angekommen ist, aus den Händen gleitet und den Berg hinunterrollt. Ist der Lauf der Geschichte nicht eine Bestätigung für all jene, die irgendwann einmal den ganz großen Knall erwarten, den Weltuntergang, von Menschen heraufbeschworen? Gerade auch unter Christen gibt es nicht wenige, die so denken. Vor dem Hintergrund des kommenden Weltunterganges rufen sie auf, sich auf das »Eigentliche« zu konzentrieren, nämlich auf das Seelenheil, denn die Welt ist so und so verloren.

In der Bibel gibt es eine Geschichte, in der es auch um die Verlorenheit der Welt geht, um die Frage des offensichtlich unvermeidlichen Untergangs, die Geschichte von Jona und der Stadt Ninive.

Ninive war für die Juden des 5. Jahrhunderts, in dem die Geschichte entstand, die Stadt des Bösen schlechthin, Sinnbild der hoffnungslosen Verlorenheit und Verdorbenheit der nicht-jüdischen, heidnischen Welt.

Ninive – das ist eine Mischung aus Sodom und Auschwitz, moralisch verdorben, ansteckend böse, ein Zentrum der Tyrannei, ein Ort der Menschenquälerei, der Unfreiheit und Weltzerstörung.

Historisch war Ninive die Hauptstadt des assyrischen Reiches gewesen. Die assyrischen Herrscher waren sozusagen die Erfinder der Deportationspolitik gewesen, die auf diese Weise Kulturen und Völker auslöschten. Unter anderem auch das Nordreich Israel. Mit Ninive wollte und konnte kein Jude etwas zu tun haben. Ninive sollte dem Gericht Gottes gehören. Und dieses Gericht konnte nur heißen: Untergang, Vernichtung – um all des Bösen willen, was Ninive getan hatte. Der Untergang sollte die gerechte Strafe und Sühne sein.

Ich lese nun aus dem Jonabuch Kapitel 3.

»Danach erging das Wort Jahwes zum zweiten Mal an Jona: Auf, geh nach Ninive, der großen Stadt, und predige ihr, was ich dir sagen werde. Und Jona machte sich auf und ging nach Ninive, wie Jahwe gesagt hatte. Ninive aber war eine über die Maßen große Stadt, drei Tagereisen zu durchwandern. Und Jona begann, in die Stadt hineinzugehen, eine Tagereise weit. Dann predigte er: Noch 40 Tage, und Ninive wird untergehen. Danach ging Jona zur Stadt hinaus und ließ sich östlich der Stadt nieder. Er baute sich dort eine Hütte und saß darunter im Schatten, bis er sähe, wie es der Stadt ergehen würde.

Und die Leute von Ninive glaubten Gott und riefen ein Fasten aus, und Groß und Klein legte Trauer an. Und die Kunde drang bis vor den König von Ninive. Da stand er auf von seinem Thron, tat seinen Mantel von sich und zog den Sack der Buße an und setzte sich in die Asche. Dann ließ er ausrufen und verkündigen in Ninive: Auf Befehl des Königs und seiner Regierung: Menschen und Vieh, Rinder und Schafe sollen nicht essen, nicht weiden und kein Wasser trinken. Sie sollen sich in Trauer hüllen, Menschen und Vieh, und mit Macht zu Gott rufen und soll ein jeder umkehren von seinem bösen Weg und von dem Frevel, der an seinen Händen ist! Wer weiß, vielleicht gereut es Gott doch noch, und er lässt ab von der Glut seines Zorns, dass wir nicht umkommen.

Als aber Gott ihr Tun sah, dass sie sich abkehrten von ihrem bösen Weg, ließ er sich das Unheil gereuen, das er ihnen angedroht hatte, und er tat es nicht.«

Aus der Geschichte vom Untergang wird eine Geschichte der Rettung, die Geschichte von der Rettung Ninives, von der Umkehr Ninives. Für uns eine schöne Geschichte, eine gute Wendung – vielleicht. Für die jüdischen Hörer und Hörerinnen im 5. Jahrhundert vor unserer Zeitrechnung eine Zumutung, ein schlechter Witz: denn erstens ist Ninive real nicht umgekehrt; es wurde zerstört vom Nachfolge-Weltreich der Babylonier; Ninive wurde abgelöst von Babylon – auch als Symbolwort für Verderbtheit. Und zweitens musste es auch zerstört werden, denn das Böse konnte einfach kein anderes Ende nehmen, es musste doch eine ausgleichende Gerechtigkeit geben. Deshalb war es für jüdische Ohren unerhört, dass Gott ein Herz für Ninive hat, dass er sich der verderbten Welt zuwendet und das auch noch durch sein Volk Israel, dessen Repräsentant der Prophet Jona hier ist.

Israel muss sich damit sagen lassen: Ihr Juden seid nur dann das, was ihr sein sollt, nämlich Zeugen Gottes, wenn ihr es an der Seite der Welt seid, an der Seite Ninives, wenn ihr an die Veränderbarkeit der Welt glaubt und euch dafür einsetzt.

Das ist die Zumutung dieses Textes – damals an die Juden als das Volk Gottes – und heute auch an uns Christen.

Wer an den Gott Israels glaubt, der muss für die Welt hoffen. Der muss mit ihrer Veränderbarkeit rechnen. Der darf sie – um Himmels willen – nicht abschreiben, nicht aufgeben. Und schon gar nicht darf er auf ihren Untergang warten.

Eine Zumutung bis heute. Aber Gottes Zumutung an uns.

Wenn einer 1982, auf dem Höhepunkt der Nachrüstungsdebatte, gesagt hätte: der Warschauer Pakt kehrt um, er wird sich positiv verändern – wer hätte das damals für möglich gehalten? Moskau – das war für Ronald Reagan das Ninive der Neuzeit, das Reich des Bösen.

Doch das Undenkbare ist geschehen.

Und heute? Da heißt es an unsere Adresse: Hofft darauf, ja, erwartet und rechnet damit, dass sich z. B. das Mullahregime in Teheran verwandelt hin zu einer Gesellschaft, die die Menschenrechte achtet und dem Terror entsagt. Schreibt die islamische, oft fundamentalistische Welt nicht ab! Verteufelt sie nicht, macht aus ihr kein Feindbild. Weil sie auch Gottes Welt ist.

In unserem Text ist von völliger Umkehr Ninives die Rede – vom König bis zum Vieh. Und das Bemerkenswerte: Es handelt sich nicht um eine religiöse Bewegung, es ist nicht von einer Änderung der Weltanschauung die Rede, sondern es geht um eine radikale Abkehr von dem Bösen: Die Werke des Bösen werden nicht mehr getan. Keine Hinrichtungen mehr, keine Bombenattentate, keine Herstellung von Minen, keine Forschung mehr für den Krieg ...

»Ein jeder bekehre sich von seinem bösen Weg.« Jeder Einzelne ist angesprochen, die Taten Ninives nicht mehr zu tun. Jeder Einzelne in seiner Verantwortung an seinem Platz, und so in seiner Verantwortung für das

Ganze, für Ninive, für unsere Welt. Denn Ninive hat viele Ableger, auch in unserer Gesellschaft.

Man kann fragen: Macht das alles die Vergangenheit ungeschehen, die Untaten, das Unrecht von gestern, für das es doch mit Recht nur die Ansage des Zornes Gottes geben konnte?

Nein – weder ungeschehen noch vergessen.

Aber unser Gott, davon ist der Schreiber des Jonabuches offensichtlich überzeugt, unser Gott ist kein Gott, der in seinem Zorn Recht behalten will, der auf seinem Zorn besteht.

Damit tut das Jona-Buch innerhalb des Alten Testamentes einen entscheidenden Schritt weg von einem Jahwe als Gott des Zornes hin zu Jahwe, dem Gott der Barmherzigkeit und Liebe.

Gott kehrt um!

Martin Buber formuliert in seiner Übersetzung: »Wer weiß, umkehren möchte der Gott, es möchte ihm leid sein, und er kehrt um vom Aufflammen seines Zornes und wir schwinden nicht.« Und am Schluss wird dann diese demütige Hoffnung der Niniviten auf die Umkehr Gottes bestätigt: »Gott sah ihr Tun, dass sie umkehrten von ihrem bösen Weg, und – er bereute das Unheil, das er ihnen angedroht hatte, und er tat es nicht.«

Ninive gibt Gott die Gelegenheit, sich als Gott der Liebe und Barmherzigkeit zu erweisen. Denn, so wird es fast 500 Jahre später von Paulus erkannt, Gott will, dass allen Menschen geholfen wird und dass sie zur Erkenntnis der Wahrheit kommen.

Die Erkenntnis der Wahrheit beginnt nicht mit religiösen und theologischen Einsichten, sondern mit dem Erkennen des eigenen Weges, mit der Erkenntnis des Unrechtes der eigenen Hände.

Ninive bringt Gott dazu, sich als Gott der Barmherzigkeit zu erweisen. Eigentlich doch Grund zur Freude für Jona, für Israel, für uns. Jona hatte mit seiner Predigt »Erfolg«. Wie hätten ihn Hosea und Jeremia beneidet, deren Predigtrufen zur Umkehr bei Israel und Juda kein Erfolg beschieden war und die den Untergang Israels erleben mussten.

Doch sehen wir uns die Reaktion Jonas an. Er hatte sich ja hingesetzt, um zu schauen, was mit Ninive geschehen würde.

Ich lese Kapitel 4,1–3.

»Das aber verdross Jona sehr, und er ward zornig und betete zu Jahwe und sprach: Ach, Gott, das ist's ja, was ich dachte, als ich noch in meinem Land war, weshalb ich auch eilends nach Tarsis fliehen wollte; denn ich wusste, dass du gnädig, barmherzig, langmütig und von großer Güte bist und lässt dich des Übels gereuen. So nimm nun, Gott, meine Seele von mir, denn ich möchte lieber tot sein als leben.«

Eigentlich erschütternd: Gerade das, was uns Gott doch groß macht, dass er gnädig, barmherzig, langmütig und gütig ist, das ist für Jona das Ärgernis. Von hierher entschlüsselt sich auch seine Gerichtspredigt an Ninive: Sie sollte gar nicht zur Umkehr Ninives beitragen, sondern sie wollte nur Ninives Untergang herbeireden. Jona war erfüllt von Rache-, Zorn-, Straf- und Gerichtsfantasien. Und Gott sollte sie befriedigen.

Aber Gott widersteht Jona – und er widersteht auch uns, wo wir von solchen Vorstellungen erfüllt sind. Gott widersteht allen Versuchen, ihn aufzuspalten in eine »gute Seite«, die er seinen Frommen zukehrt, und in eine »schreckenerregende Seite«, mit der es die anderen, die Bösen zu tun bekommen. Es gibt – und Jona hatte es ja geahnt – nur eine Seite Gottes: Gott ist allen Menschen gegenüber gnädig, barmherzig, langmütig und von großer Güte. Und als solcher geht er nun auch dem verärgerten, in seinem Zorn verbohrten Jona nach. Hören wir die pädagogische Einheit, die sich Gott für Jona einfallen ließ: »Gott ließ eine Staude wachsen; die wuchs über Jona und gab ihm Schatten und sollte ihn von seinem Unmut befreien. Und Jona freute sich sehr über die Staude. Aber am Morgen, als die Morgenröte anbrach, ließ Gott einen Wurm kommen; der stach die Staude und sie verdorrte. Als aber die Sonne aufgegangen war, ließ Gott einen heißen Ostwind kommen, und die Sonne stach Jona auf den Kopf, dass er matt wurde. Da wünschte er sich den Tod und sprach: Ich möchte lieber tot sein als leben. Da sprach Gott zu Jona: Meinst du, dass du mit Recht zürnst um der Staude willen? Und er sprach: Mit Recht zürne ich bis an den Tod. Und Jahwe sprach: Dir ist es leid um die Staude, um die du dich nicht gemüht hast, die du nicht aufgezogen hast, die in einer Nacht aufwuchs und in einer Nacht verdorrte. Und mir sollte es nicht leid sein um Ninive, eine so große Stadt, in der mehr als hundertundzwanzigtausend Menschen wohnen, die nicht wissen, was rechts oder links ist, dazu auch viele Tiere?«

Gegen den Zorn Jonas kann Gott nichts anderes aufbieten als den Hinweis auf seine Liebe zu den Menschen, ja auch zu den Tieren, seine Liebe zu seiner Schöpfung. Und indem er darauf hinweist, lädt Gott Jona, Israel, seine Kirche ein, an seiner Schöpfungsliebe teilzuhaben.

Und wer wie Gott von solcher Liebe erfüllt ist, der wird an die Veränderbarkeit der Welt glauben, mit der möglichen Unmöglichkeit rechnen und dafür arbeiten. Der wird sich senden lassen wie Jona und – hoffentlich anders als Jona – sich über jede Veränderung hin zum Guten freuen.

Die Bekehrung Ninives meint: das Abwenden vom Bösen, das Tun des Guten; es meint erst einmal nicht: Ninive wird jüdisch oder christlich. »Jüdisch-christlich« ist allerdings unser Glaube daran, dass solches möglich ist aufgrund der Umkehr Gottes, der will, dass allen, wirklich allen geholfen wird.

Die Haushälterin wirft den Krug

Gedanken zu einer Geschichte aus dem Talmud

Karin Schmalz

Am Tage, an dem Rabbi starb, ordneten die Rabbinen ein Fasten an und flehten um Erbarmen. Sie bestimmten: »Wer da sagt, Rabbi sei verschieden, werde mit einem Schwerte niedergestochen!« Die Haushälterin Rabbis stieg auf den Söller und sprach:
»Die droben (d. h. die Engel) verlangen nach Rabbi, und die hienieden verlangen nach Rabbi: Möge es dein Wille sein, dass die hienieden die droben besiegen.« Als sie aber sah, wie oft er den Abort aufsuchte und sich damit abquälte, die Tephillim (Gebetsriemen) ab- und anzulegen, sprach sie: »Möge es dein Wille sein, dass die droben die hienieden besiegen!« Da aber die Rabbinen nicht aufgehört hatten zu beten, nahm sie einen Krug und warf ihn vom Söller hinab. Sie stockten, und die Seele Rabbis kehrte zur Ruhe ein. Hierauf sprachen die Rabbinen zu Bar Qappara: »Geh, sieh nach.« Als er hineinkam, fand er, dass seine Seele zur Ruhe eingekehrt war. Da zerriss er sein Gewand, drehte den Riss nach hinten und sprach: »Die Gewaltigen und die Stützen (d. h. die Engel und die Frommen) erfassten die heilige Lade. Da besiegten die Gewaltigen die Stützen, und die heilige Lade wurde entführt.« Sie sprachen zu ihm: »Seine Seele ist wohl zur Ruhe eingekehrt?« Er erwiderte: »Ihr sagt es, ich habe nichts gesagt.«
(Babylonischer Talmud, Ketubim 104 a)

Eine merkwürdige Geschichte – und zugleich eine alltägliche, allzumenschliche Geschichte. Eine Geschichte über Leben und Tod, über nicht mehr leben und doch noch nicht sterben können.

Tagtäglich sterben Menschen. Viele von ihnen erleiden Todeskämpfe, brauchen einige Zeit, um, mit den Worten unserer Geschichte, »zur Ruhe« zu finden. Und einigen von ihnen wird es ähnlich ergehen wie dem sterbenden Rabbi: Angehörige und Freunde versammeln sich, halten »Wache«, und wenn sie religiös sind, so werden sie auch beten. Sie wollen den Sterbenden nicht alleine lassen, wollen ihm beistehen, bei ihm sein. Eine schöne Sitte, die dem Sterbenden Würde und Bedeutung verleiht: Du bist mir wichtig, ich will bei dir sein, wenn dein Leben zu Ende geht, ich halte es aus, wenn du leidest und dich quälst, ich will mit dir leiden, um es dir zu erleichtern. Um Gemeinschaft unter Menschen geht es, nicht nur in fröhlichen Tagen.

Aber alles hat auch eine Kehrseite. Davon erzählt unsere Geschichte. Es ist darum nicht nur eine alltägliche Geschichte von Leben und Tod, sondern auch eine von Macht und Ohnmacht, Loslassen-Können und Halten-Wollen, Mut und Verzweiflung. Und darüber hinaus eine Geschichte von oben und unten, von »Machen« und Handeln, und damit nicht zuletzt eine Geschichte über Männer und Frauen.

Rabbi stirbt. Seine getreuen Anhänger ordnen ein Fasten an und beten. Alle haben sich versammelt, so wichtig ist ihnen der Mensch, der dort todkrank liegt. Sie flehen Gott an um Erbarmen. Sie beten intensivst, ausdauernd, ohne Unterbrechung. Das ist zunächst nichts Ungewöhnliches für religiöse Menschen. Wem sollten sie sonst ihre Sorgen und Nöte in dieser Stunde anvertrauen, wen sollten sie sonst um Erbarmen bitten, wenn nicht Gott? Aber ungewöhnlich und erschreckend zugleich ist ihre Abmachung: »Wer da sagt, Rabbi sei verschieden, werde mit einem Schwerte niedergestochen.« Sie sind bereit zu töten, weil sie den Tod ihres geliebten Rabbi nicht anerkennen wollen! Sie wollen ihn halten – um jeden Preis. Die Wahrheit darf nicht ausgesprochen werden, und wenn, soll sie zur tödlichen Wahrheit werden für den, der sie ausspricht. Darum also beten sie so intensiv und unaufhörlich! Sie fliehen vor der Wirklichkeit. Ohnmächtig, etwas zu ändern – und wer ist angesichts des Todes nicht ohnmächtig? –, erproben sie ihre Macht im Gebet. Sie wissen: Solange wir so beten, stirbt Rabbi nicht, kann er nicht sterben. Nein, wir lassen ihn nicht, wir wollen ihn behalten! Gott soll, Gott muss sich erbarmen, er muss sich *unser* erbarmen! Und Rabbi? Was wäre, wenn Gott sich des Rabbi erbarmte? Ahnen sie, dass es dann anders ausginge, als sie es wollen? Mit ihrem verzweifelten Festhalten am Leben des Todkranken entlarven sie ihr Gebet und Fasten als eigennütziges Mittel für ihre Zwecke. Nicht um Rabbi ist es ihnen zu tun, sondern um sich selbst. Hinter ihrer verzweifelten religiösen Geschäftigkeit stehen ihre eigene Angst und der mangelnde Mut, der Wahrheit ins Gesicht zu sehen. Das ist die Kehrseite ihres Betens und Fastens. Und das ist *verkehrt*. So lehrt es unsere Geschichte. – Aber urteilen wir nicht vorschnell! Ist ihre Reaktion nicht durchaus verständlich, menschlich, allzu menschlich? Kennen wir das nicht auch von uns heute? So wie viele Angehörige den Sterbenden nicht alleine lassen wollen – und oft genug kann der Kranke gerade dann erst sterben, wenn er alleine ist –, so können auch die Rabbinen in unserer Geschichte ihren sterbenden Rabbi nicht in Ruhe lassen, so dass er zur Ruhe findet!

Ganz anders die Haushälterin des Rabbi. Sie gehört nicht zu den »Machern«, die durch ihr unaufhörliches Beten von Gott das Unmögliche erzwingen wollen. Aber sie handelt! Während sie in ihrer Kammer von oben das Geschehen unten betrachtet, setzt sie sich für Rabbi ein. Und das ist der eigentliche Sinn der Fürbitte: sich für jemanden bei Gott einsetzen. Auch sie betet also. Aber sie macht nicht viele Worte. Zunächst bittet sie darum, dass »die da unten« »die da oben«, d. h. die Engel, die ihn zu sich holen wollen, besiegen mögen, dass er also am Leben bleibe. Aber dann sieht sie, wie er sich abquält. Und nun bittet sie um das Umgekehrte: Die da oben mögen siegen! Um Erbarmen für den Leidenden ist es ihr zu tun. Sie, die Frau, die zunächst keine Macht hat, das Gebet der Männer zu unterbrechen, befindet sich nicht nur räumlich in einer eigenartigen Zwischensphäre. Sie nutzt ihre Position oberhalb der Mächtigen und unterhalb des *All*mächtigen dazu, sich für den ohnmächtig Leidenden einzusetzen und damit auch die Mächtigen zur Erkenntnis ihrer Ohnmacht zu verhelfen. Als alles andere nicht hilft, da handelt sie kurz entschlossen durch einen Trick: Der Knall des auf den Boden fallenden Krugs lässt die Betenden innehalten. Das war mutig, eine Tat der Liebe, die sie wohl einige Kraft gekostet hat!

Diese alte Geschichte aus dem 2. Jahrhundert gilt darum zu Recht noch heute im Judentum als eine Mahnung, den Tod des Sterbenden nicht unnötig – und damit unmenschlich – künstlich hinauszuschieben. Ein gerade heute durch die technischen Möglichkeiten der Medizin besonders aktuelles Problem. – Aber damit ist die Geschichte noch nicht zu Ende. Was ist mit den Männern? Noch immer wagen sie es nicht, das Ungeheure auszusprechen. Ein gewisser Bar Qappara muss nachsehen. Und als er wiederkommt – mit eingerissener Kleidung als Geste der

Trauer – umschreibt er mit umständlichen Worten das Geschehene. Die Angst vor dem Tod (seinem eigenen? dem des Rabbi? oder beidem?) lässt ihn bis zum Schluss keine klaren und eindeutigen Worte finden. »Ich habe nichts gesagt« – so endet diese Episode.

Es ist eben darum nicht nur eine Geschichte über Leben und Tod, Loslassen-Können und unbedingt Halten-Wollen, Mut und Feigheit, sondern auch eine von Männern und Frauen. Dass dies in einer männerorientierten Gesellschaft tradiert wurde, das kann wiederum Mut machen – nicht nur den Frauen ...

Die Autorinnen und Autoren

Pfarrer Hans Hermann Blettgen, Essen; Pfarrerin Christiane Borchers, Hinte; Pfarrer Götz Brakel, Gleichen; Pfarrerin Annette Bruse, Gladbeck; Pfarrerin Klaudia Busch-W., Schweich; Pfarrer Kurt Dohm, Bremen; Pfarrer Dr. Gregor Etzelmüller, Hemsbach; Pfarrer Volker Johannes Fey, Osthofen; Pfarrer Bernd Giehl, Wiesbaden; Pfarrerin Sybille Gottwick, Gladbeck; Pfarrer Ulrich Haag, Aachen; Pfarrerin Ulrike Heimann, Düsseldorf; Dekan Rainer Heimburger, Weinheim; Pfarrer Dr. Rolf Heinrich, Gelsenkirchen; Pfarrer Helmut Herberg, Ulm; Pfarrer Eckhard Herrmann, Baldham; Pfarrer Dr. Wolfgang Herrmann, Geilnau; Pfarrer Bernhard von Issendorff, Wiesbaden; Pfarrerin Doris Joachim-Storch, Worms; Pfarrer Dr. Klaus Johanning, Schwerte; Pfarrerin Ingrid Keßler-Woertel, Moormerland-Veenhusen; Pfarrer Dr. Reinhard Kirste, Nachrodt; Pfarrer Matthias Kreplin, Kippenheim-Schwieheim; Prälatin Dorothea Margenfeld, Ludwigsburg; Pfarrer i. R. Klaus von Mering, Rastede; Pfarrer Hellmut Mönnich, Göttingen; Pfarrerin Elisabeth Müller, Essen; Pfarrerin Ute Niethammer, Freiburg/Breisgau; Vikar Mirko Peisert, Hildesheim; Mag. Theol. Karin Schmalz, Bochum; Pfarrerin Heide Schmidt-Schwarzwäller, Maasbüll; Pfarrer Ulrich Tietze, Sarstedt; Pfarrer Hartmut Winde, Hamburg